FIT FOR BUSINESS

Wir freuen uns über Ihr Interesse an diesem Buch. Gerne stellen wir Ihnen kostenlos zusätzliche Informationen zu diesem Titel oder Programmsegment zur Verfügung. Bitte sprechen Sie uns an:

E-mail: walhalla@walhalla.de
http://www.walhalla.de

Marianne Vollmer

Zurück in den Beruf

- Testen und trainieren Sie Ihre Fähigkeiten
- Nutzen Sie Ihre Familienkompetenz

FIT FOR BUSINESS

Die Deutsche Bibliothek - CIP-Einheitsaufnahme

Vollmer, Marianne:
Zurück in den Beruf : testen und trainieren Sie Ihre Fähigkeiten ; nutzen Sie Ihre
Familienkompetenz / Marianne Vollmer. - Regensburg ; Düsseldorf :
Fit for Business, 1998
  (Fit for business ; 520)
  ISBN 3-8029-4520-4

Zitiervorschlag:
Marianne Vollmer, Zurück in den Beruf,
Regensburg, Düsseldorf 1998

© Fit for Business, Regensburg/Düsseldorf
Alle Rechte, insbesondere das Recht zur Vervielfältigung und Verbreitung
sowie der Übersetzung, vorbehalten. Kein Teil des Werkes darf in
irgendeiner Form (durch Fotokopie, Diskette oder ein anderes Verfahren)
ohne schriftliche Genehmigung des Verlages reproduziert oder unter
Verwendung elektronischer Systeme gespeichert, verarbeitet, vervielfältigt
oder verbreitet werden.
Umschlaggestaltung: Gruber & König, Augsburg
Produktion: Walhalla Fachverlag, **93042** Regensburg
Printed in Germany
ISBN 3-8029-4520-4

Schnellübersicht

Vorwort: mit Kernkompetenzen
zum beruflichen Erfolg 7

1 Lernchancen gezielt nutzen 11

2 Das Anforderungsprofil
„Haushalt und Familie" 19

3 Ziehen Sie Bilanz:
Ihre Erfahrungen, Potentiale,
Kompetenzen 35

4 Neue Kompetenzen gewinnen 113

5 Trainingsprogramm:
Kompetenzen entwickeln 129

6 Die berufsbezogene Lebensplanung 139

7 Personalentwicklung in Unternehmen und Behörden 161

8 Hilfreiche Adressen 173

Schnell nachschlagen 176

Vorwort: mit Kernkompetenzen zum beruflichen Erfolg

Das Leben ist eine Ansammlung von Aufgaben, die Sie – mehr oder weniger erfolgreich – bewältigen. Dabei gilt die Summe der Erfahrungen: Je häufiger Sie sich den Herausforderungen stellen oder mit Problemen auseinandersetzen, um so mehr üben Sie sich darin, sie zu bewältigen oder zu lösen. Dabei ist nicht wichtig, ob Sie gleich beim ersten Mal, wenn sich ein neues Problem zeigt, erfolgreich sind. Sie gewinnen auch an Erfahrung, wenn Sie beim ersten Versuch noch nicht zum Ziel kommen. Dann haben Sie gelernt, wie es nicht geht.

Beispiel:

Stellen Sie sich vor, Sie fahren mit Ihrem Wagen in eine fremde Stadt. Sie haben nur den Stadtplan und die Adresse, die Sie finden sollen – und es ist das erste Mal in Ihrem Leben, daß Sie als Autofahrerin (oder Autofahrer) nach einem Stadtplan fahren. Vielleicht sind Sie angesichts dieser neuen Herausforderung nervös, und vermutlich werden Sie irgendwo falsch abbiegen und sich auf einer Straße wiederfinden, die Sie gar nicht befahren wollten. Aber das ist zu erwarten; beim ersten Mal können Fehler und Irrtümer geschehen.

Beim zweiten Mal können Sie alle Erfahrungen, auch die schlechten, die Sie bei Ihrem ersten Versuch gesammelt haben, wieder benutzen. Nach einem Stadtplan zu fahren ist für Sie nun kein Neuland mehr; und wenn Sie zwanzig fremde Städte nur mit einem Stadtplan durchfahren haben, kann Sie nichts mehr erschüttern.

Durch wiederholtes Üben sammeln Sie Erfahrungen. In der Psychologie gibt es den Begriff des „Erfahrungswissens". Wissen und Kenntnisse werden nicht durch schulisches Lernen, sondern durch

Zurück in den Beruf

Lernen im Alltag, durch „Erfahrungen" erworben. Andere Begriffe sprechen von Schlüsselqualifikationen oder Kompetenzen, die Sie durch Erfahrungen entwickeln.

Erfahrungswissen können Sie überall erwerben: im Betrieb, bei der ehrenamtlichen Arbeit, bei der Mitarbeit im Vorstand eines (Frauen-)Verbandes, bei der Ausübung eines Hobbys, aber auch im privaten Bereich, in Haushalt und Familie. Was Sie dafür tun müssen, ist recht einfach. Sie benutzen die Lernfelder, die Sie haben, um gezielt Erfahrungswissen zu sammeln und damit Ihre Kompetenzen zu entwickeln.

Ein Lernfeld, das der Mehrheit der Frauen zur Verfügung steht, ist der eigene Haushalt. Viele denken dabei zuerst ans Putzen und Kochen, um sich dann zweifelnd zu fragen, „was kann man da schon lernen?". Um herauszufinden, welche Kompetenzen im haushaltlich-familiären Lernfeld erworben werden, hat das Bayerische Staatsministerium für Arbeit und Sozialordnung, Familie, Frauen und Gesundheit ein Projekt in Auftrag gegeben, „Familienkompetenzen" zu messen.

Der Begriff „Familienkompetenzen" wurde deshalb gewählt, um damit hervorzuheben, daß es sich bei den darunter entfallenden Kompetenzen (auch) um Erfahrungswissen aus dem haushaltlich-familiären Lernfeld handelt.

In seinen Ergebnissen zeigt das Projekt, daß Haushalt und Familie für die Entwicklung von Kompetenzen und Potentialen ein genauso interessantes Lernfeld sind wie zum Beispiel der Beruf oder das Ehrenamt. Dieser Zusammenhang ist hier wichtig.

Vorwort

Damit Sie aus den Lernfeldern, die Sie umgeben, einen Gewinn ziehen können, müssen Sie wissen:

- wie Kompetenzen entstehen
- wie Sie schon vorhandene Kompetenzen erkennen und messen können
- wie Sie Situationen und Orte finden, um neue Kompetenzen zu entwickeln
- wie Sie bei Personalgesprächen oder Vorstellungsgesprächen über Ihre Kompetenzen reden können
- wie Sie Ihre Kompetenzen einsetzen können, um die Positionen zu erarbeiten, die Sie haben möchten

Das Buch wendet sich an Frauen (und Männer), die ihre Kompetenzen – gleichgültig aus welchem Bereich sie stammen – trainieren und weiterentwickeln wollen.

Marianne Vollmer

Lernchancen gezielt nutzen

1

Wie Sie aus Fehlern lernen können 12

So bestimmen Sie selbst Ihren Erfolg! 15

Welche Lernfelder für Ihr Kompetenzentraining geeignet sind 16

Zurück in den Beruf

Wie Sie aus Fehlern lernen können

> Der Dumme stolpert immer wieder über denselben Stein,
> der Intelligente immer über einen anderen.
>
> (Volksweisheit)

Lernchancen sind mit das Wichtigste, was das Leben Ihnen bieten kann.

Beispiel:

Eine junge Frau, mit dem Namen Müller, hatte einen Job als Anwaltsgehilfin angenommen. Es war ihre erste Stelle nach der Ausbildung. Sie war sehr stolz auf ihre Position, und die Arbeit machte ihr Spaß. Sie glaubte fest daran, daß sie hier ein erfolgreiches Berufsleben beginnen würde.

In der Kanzlei waren mehrere Anwälte tätig. Einer von ihnen wurde ihr von den Kollegen als „schwierig" geschildert. Frau Müller bemerkte auch sehr bald, warum. Der Mann sprach nur im Befehlston mit den Gehilfen, als Vorgesetzter war er ein „ruppiger Charakter". Seine Lieblingsformulierung war: „... dann gibt's was auf die Ohren." Den Klienten gegenüber war er sehr freundlich, aufmerksam, er zeigte sich ganz als sachkundiger, hoch engagierter Anwalt, der er auch war.

Irgendwann war es soweit und die junge Frau mußte für diesen Vorgesetzten etwas erledigen. Er rief sie ins Zimmer, erklärte ihr, was er wollte, und fügte zum Abschluß seiner Rede hinzu, daß er das bis morgen brauche „... sonst gibt's was auf die Ohren, ist das klar?". Frau Müller errötete vor Wut und Scham, denn es war kein Gespräch unter vier Augen; der Klient war noch anwesend und hörte alles mit an.

Lernchancen gezielt nutzen

Die junge Frau war betroffen von der Brutalität, die sie in den Worten des Vorgesetzten zu hören glaubte. Ihrer Meinung nach war das kein Stil, in dem Erwachsene miteinander reden sollten. Sie wollte das Thema mit ihren Kollegen besprechen. Aber hier stieß sie nur auf Ablehnung. „Man kann da nichts machen", war die einhellige Überzeugung, „er ist so, wir können ihn nicht ändern."

Am nächsten Tag bat Frau Müller diesen Vorgesetzten um ein Gespräch. Sie hatte sich die halbe Nacht lang überlegt, was sie machen sollte. Sie wollte nicht, daß jemand in diesem Ton mit ihr sprach; sie wollte aber auch ihre Stelle nicht aufs Spiel setzen – denn das könnte, so die Bedenken ihrer Kollegen, die mögliche Konsequenz sein.

Frau Müller setzte sich über die Bedenken und Befürchtungen der Kollegen, die sich mittlerweile mit dem Ton des Vorgesetzten arrangiert hatten, hinweg. Äußerlich ruhig, aber innerlich mit klopfendem Herzen sagte sie dem Vorgesetzten: „... ich arbeite gerne für Sie und es macht mir Freude, wenn Sie mir schwierige Aufgaben geben. Dann habe ich auch die Möglichkeit, Ihnen zu zeigen, was alles in mir steckt. Aber diese Bemerkungen finde ich nicht gut; das klingt so, als ob Sie mir Prügel androhen wollten. Ich glaube, das trifft nicht auf mich zu, wo ich doch wirklich gerne für Sie arbeite. Ich möchte Sie bitten, so etwas nicht wieder zu mir zu sagen."

Es war das erste Mal, daß jemand diesem Mann so gegenüber getreten ist; und er hat es respektiert. (Daß er es sich nicht nehmen ließ, noch eine Weile zu sticheln „... da ist ja unser Fräulein, das sich nicht alles gefallen lassen will ..." steht auf einem anderen Blatt. Wichtig ist, daß die junge Frau das erreicht hat, was sie erreichen wollte.)

Wichtig:

Es gibt viele Beispiele, in denen Menschen in schwierigen Situationen erfolgreich waren und das erreicht haben, was sie wollten. Wenn Sie diese Menschen nach dem Grund ihres Erfolges befragen, können Sie eine überraschende Feststellung machen. Eine häufige Antwort ist: „Ich habe so etwas Ähnliches schon einmal erlebt, und damals habe ich das so oder so gemacht. Also habe ich mir gedacht, ich versuche es noch einmal ..." Das heißt, es gab früher eine Situation, in der die Person üben und lernen konnte.

Genauso häufig ist eine andere Antwort: „Die ganze Sache hatte sich in eine Richtung entwickelt, die mir ganz und gar nicht gefiel. Also habe ich mir gesagt, egal wie, ich muß es versuchen ..."

Beispiel:

Sechs Frauen hatten eine Krabbelgruppe gegründet. Sie wollten ihre Erfahrungen als junge Mütter austauschen und gleichzeitig die Kinder untereinander lernen lassen. Die Kirchengemeinde unterstützte die Frauen und überließ ihnen einen ihrer Räume für die wöchentlichen Treffen. Es ging am Anfang ganz gut, die Frauen waren motiviert und kamen alle regelmäßig zu den vereinbarten Terminen. Aber mit der Zeit ist der Elan eingeschlafen und immer öfter fehlte jemand. Eine Frau war mit dieser Entwicklung nicht einverstanden; sie wollte etwas ändern und hat sich überlegt, was sie tun könnte. Sie hat die anderen Frauen angesprochen und gefragt, wie sie die Situation einschätzten, was sie wirklich wollten, und so weiter. Dann hat sie die ganze Gruppe zum Essen eingeladen und gesagt, daß jetzt ein guter Zeitpunkt sei, das Thema zu diskutieren. Als Gastgeberin hat sie das Gespräch moderiert, sie hat dafür gesorgt, daß alle zu Wort gekommen sind und alle Argumente dafür und dagegen auf den Tisch gelegt wurden. Dabei hat sich gezeigt, daß alle die Krabbelgruppe haben wollten und jede (wieder) bereit war, etwas dafür zu tun. Nach diesem Gespräch hat die Krabbelgruppe wieder funktioniert.

So bestimmen Sie selbst Ihren Erfolg!

Aus den obengenannten Beispielen können Sie vier Voraussetzungen erkennen, die den Erfolg eines Menschen mitbestimmen:

Die Sichtweise

In beiden Beispielen haben Menschen eine gegebene Situation als Herausforderung angesehen, als ein Problem, das zu bewältigen ist.

Mut zum Risiko

Sie waren bereit, auch einen Nicht-Erfolg in Kauf zu nehmen. Es war nicht vorhersehbar, wie der Vorgesetzte reagieren würde oder zu welchem Ergebnis die Teilnehmerinnen der Krabbelgruppe kommen würden. In beiden Fällen hätte eine andere Entwicklung (der Vorgesetzte sagt: „Wenn es Ihnen nicht paßt, können Sie ja gehen"; die Krabbelgruppe löst sich auf) zu völlig neuen Situationen geführt, die dann wieder hätten kompetent behandelt werden müssen.

Die Handlung

Sie sind nicht zurückgewichen, sondern haben in der Situation kompetent gehandelt und damit das erreicht, was ihnen wichtig war. Sie haben die Herausforderung akzeptiert und wurden aktiv.

Die Strategie

Sie haben wertvolle Situationen, die mit wichtigsten Lernchancen vollgepackt waren, für die Entwicklung der eigenen Kompetenzen genutzt.

Damit haben Sie vier wichtige Voraussetzungen für die Entwicklung Ihrer persönlichen Kompetenzen entdeckt. Es gibt Situationen, die wichtige Lernchancen für Sie bereithalten; das sind Begebenheiten, die Ihnen Erfahrungen und Wissen schenken werden. Nun liegt es an Ihnen, diese Situationen als solche anzusehen und die Lernchancen, die in ihnen verborgen sind, zu akzeptieren und zu nutzen.

Welche Lernfelder für Ihr Kompetenzentraining geeignet sind

Damit Sie Ihre Kompetenzen trainieren und weiterentwickeln können, benötigen Sie entsprechende Situationen. Diese finden Sie in folgenden Lernfeldern:

- Haushalt und Familie
- Ehrenamt (zum Beispiel im Rahmen einer Verbandstätigkeit, im politischen Umfeld)
- Ausübung eines Hobbys (zum Beispiel die Theatergruppe), beim Sport usw.
- Beruf beziehungsweise Berufsarbeit

Weil für viele Frauen am naheliegendsten, wird vor allem das Lernfeld „Haushalt und Familie" betrachtet. Der Grund liegt auf der Hand: Alle Frauen haben einen Haushalt (und wenn der Partner aus beruflichen Gründen einen zweiten Wohnsitz nimmt, sogar zwei). Es ist für Frauen von Vorteil (natürlich auch für Männer, wenn sie sich in Haushalt und Familie engagiert haben), die hier gegebenen Entwicklungschancen zu nutzen. Denn für viele Frauen besteht zwischen „eine Familie haben" und ein „Unternehmen managen" kein großer Unterschied.

Lernchancen gezielt nutzen

Übung: Lernchancen entdecken

Nun ist es wichtig, daß Sie Ihren Blick für interessante Situationen schärfen. Sie brauchen geeignete, mit Lernchancen vollgepackte Begebenheiten, damit Sie das lernen können, was Sie brauchen oder wollen. Stellen Sie sich deshalb folgende Fragen:

1. Wieviele Situationen sind Ihnen in der vergangenen Woche (im vergangenen Monat) begegnet, in denen Lernchancen versteckt waren? Bitte schreiben Sie wenigstens eine Situation auf. Vermerken Sie dabei, was Sie getan haben und wie die Sache ausgegangen ist. Beachten Sie dabei folgendes: Bitte schreiben Sie in der „Ich-Form", zum Beispiel „Ich habe letzte Woche ... getan. Dabei habe ich ..." – es ist wichtig, daß Sie Verben (Tätigkeitswörter) benutzen.

....

....

....

....

....

....

....

....

Zurück in den Beruf

2. Zu welchen Bereichen gehören diese Situationen: In den privaten Bereich? In den beruflichen Bereich? (Mit dieser Frage finden Sie heraus, welches Lernfeld für Sie die interessantesten Lernchancen bereithält.)

....

....

....

3. Nachdem Sie eine oder mehrere Situationen niedergeschrieben haben, beginnen Sie bitte wieder bei Frage 1; überlegen Sie noch einmal, ob Sie weitere Situationen mit Lernchancen finden können. Es ist wichtig, daß Sie sich an möglichst viele Situationen mit Lernchancen erinnern.

Möglicherweise haben Sie nach dieser ersten Übung den Eindruck, daß Ihr Leben zu wenige (oder zu viele) Lernchancen für Sie bereithält. Dann fließt derzeit Ihr Leben in relativ ruhigen Bahnen (beziehungsweise es geht alles „drunter und drüber"). Vor allem, wenn Sie Lust auf Veränderung haben, scheinen Ihnen die Dinge, die Sie umgeben, langweilig und uninteressant. Das ist normal und zu erwarten. Auf Seite 117ff. finden Sie Hinweise, wie Sie sich selbst interessante Situationen erarbeiten können, um damit etwas zu lernen.

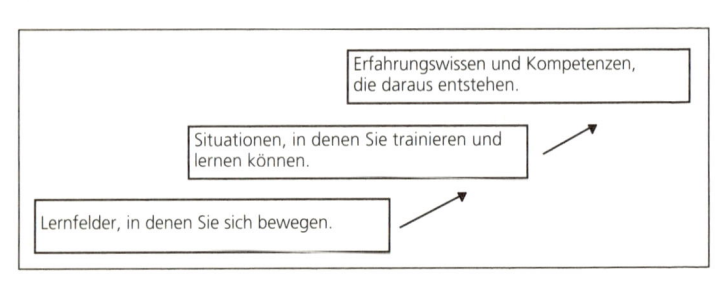

```
┌─────────────────────────────────────────────────────────────┐
│                    ┌──────────────────────────────────┐     │
│                    │ Erfahrungswissen und Kompetenzen,│     │
│                    │ die daraus entstehen.            │     │
│                    └──────────────────────────────────┘     │
│          ┌──────────────────────────────────┐    ↗          │
│          │ Situationen, in denen Sie trainieren und │         │
│          │ lernen können.                    │               │
│          └──────────────────────────────────┘               │
│   ┌──────────────────────────────────────┐   ↗              │
│   │ Lernfelder, in denen Sie sich bewegen.│                  │
│   └──────────────────────────────────────┘                  │
└─────────────────────────────────────────────────────────────┘
```

Das Anforderungsprofil „Haushalt und Familie" 2

Zielfindung:
was wollen Sie wirklich?................................. 20

Die betriebliche Personalentwicklung........... 21

Das Unternehmen „Haushalt und Familie" .. 24

So schätzen Sie Ihre Kompetenzen
richtig ein 27

Zielfindung: was wollen Sie wirklich?

Der Ausgangspunkt für jede Personalentwicklung ist die Frage: wohin will ich mich entwickeln?

Die Frage nach dem Wohin, dem Ziel, ist vielleicht die schwierigste, die Sie sich selbst in den vergangenen Monaten (oder schon Jahren) gestellt haben. Es gibt einige begnadete Menschen, die schon als Kind genau wissen, was sie einmal werden wollen. Andere – vielleicht wie Sie – müssen sich beinahe täglich mit dieser Frage quälen. Häufig können Sie nur sagen, was Sie nicht wollen. Diese Erfahrung entspricht unserem „Konstruktionsprinzip": Das, was wir wollen, ist weit schwieriger herauszufinden als das, was wir nicht wollen.

Wichtig:

Eine wirksame Hilfe bei diesen Fragen finden Sie, wenn Sie einen Entdeckerblick in Ihre eigene Vergangenheit wagen. Die Kompetenzen und Potentiale, die Sie in der Vergangenheit entwickelt haben, können Ihnen einen (möglichen) Weg in Ihre Zukunft weisen.

„Haushalt und Familie" ist eines der Lernfelder, das diese Information für Sie gespeichert hat. Andere sind zum Beispiel Ihr Ehrenamt, natürlich auch Ihr Beruf, aber auch Ihre Hobbys oder andere außerberufliche Erfahrungen. Um die hier verborgenen Lernchancen und Informationen für die eigene Entwicklung sowie die Vorteile, die sich daraus ergeben, nutzen zu können, müssen Sie zunächst wissen:

- ■ Was ist „betriebliche Personalentwicklung"?
- ■ Was ist das Unternehmen „Haushalt und Familie"?

Anforderungsprofil: „Haushalt und Familie"

Die betriebliche Personalentwicklung

Die Personalentwicklung will fachliche und überfachliche Qualifikationen und Kompetenzen der Mitarbeiterinnen und Mitarbeiter entwickeln, verbessern und erweitern. Dazu werden unterschiedliche Maßnahmen oder Methoden genutzt; sie haben zum Ziel, daß damit die Mitarbeiterin oder der Mitarbeiter die tägliche Arbeitsaufgabe leichter bewältigen kann.

Die Personalentscheidung

Eine Personalentscheidung betrifft immer die berufliche Zukunft eines Menschen. Dabei kann es sich um die Neubesetzung einer Stelle handeln (das Unternehmen inseriert und sucht neue Mitarbeiterinnen oder Mitarbeiter) oder um eine unternehmensinterne Umbesetzung oder Beförderung ausgewählter Mitarbeiterinnen oder Mitarbeiter.

Grundlagen der Personalentscheidung

Eine Grundlage für die Personalentscheidung ist das Anforderungsprofil der Stelle (oder Position), die die Mitarbeiterin (oder der Mitarbeiter) innehat oder anstrebt. Das Anforderungsprofil der Stelle (oder Position) beschreibt, was von der Stelleninhaberin oder dem Stelleninhaber erwartet wird, was sie oder er tun muß, um erfolgreich zu sein.

Eine andere Grundlage der Entscheidung sind die Kompetenzen oder Potentiale der Person (der Bewerberin oder Stelleninhaberin [oder des Bewerbers oder Stelleninhabers]).

Der Entscheidungsprozeß

Bei jeder Personalentscheidung wird das Anforderungsprofil der Stelle mit den beobachtbaren Kompetenzen (den Kenntnissen,

Stärken und Potentialen) der Person verglichen. Damit wird eine Antwort auf die Fragen vorbereitet:

- Wer ist geeignet?
- Wen stellen wir ein?
- Wen wollen wir befördern?

Gesucht wird die Person, die am besten die Aufgaben an diesem Arbeitsplatz bewältigen kann.

Praxis-Tip

Je besser die Potentiale einer Person, das heißt ihre Kompetenzen, Fähigkeiten, Erfahrungen usw., zu den Anforderungen eines Arbeitsplatzes passen, um so größer ist die Chance, daß die richtige Bewerberin (oder der richtige Bewerber) ausgewählt wurde. Eine so ausgewählte Person hat die besten Chancen, die hier gegebenen Aufgaben erfolgreich zu bewältigen. Das gilt sowohl für die Bewerbung auf eine offene Stelle als auch für die Aufstiegsbewerbung.

Konsequenzen der Entscheidung

Die Ablehnung

Wenn der Vergleich zeigt, daß die Kompetenzen (der Person) absolut nicht zu den Anforderungen des Arbeitsplatzes passen, erfolgt – auch im Interesse der Bewerberin oder des Bewerbers – eine Ablehnung.

Anforderungsprofil: „Haushalt und Familie"

Die Qualifikationsmaßnahme

Wenn die Kompetenzen (der Person) noch nicht optimal zu den Anforderungen (des Arbeitsplatzes) passen, kann eine sorgfältig ausgewählte Weiterbildungsmaßnahme (zum Beispiel ein Training, eine Sonderaufgabe, die Teilnahme an einem Projekt usw.) empfohlen werden. Die Mitarbeiterin oder der Mitarbeiter kann mit Hilfe einer gezielten Qualifikationsmaßnahme diejenigen Kompetenzen oder Erfahrungen erwerben, die ihr oder ihm noch fehlen, um die Anforderungen des gewünschten Arbeitsplatzes voll und ganz bewältigen zu können.

Die Einstellung oder Beförderung

Wenn Kompetenzen und Anforderungen optimal zusammenpassen, hat das Unternehmen, aber auch die Bewerberin (oder der Bewerber), einen Glücksgriff getan. Das Unternehmen wird eine kompetente und zufriedene Mitarbeiterin (oder Mitarbeiter) haben, die gerne ihr Können zur Verfügung stellt; und die Mitarbeiterin (oder der Mitarbeiter) findet sich auf einem Arbeitsplatz, auf dem es Spaß macht zu arbeiten. Das wird subjektiv jeweils so gesehen, weil Menschen, die entsprechend ihren Kompetenzen und Potentialen beschäftigt werden, gerne arbeiten und zufriedener sind als andere.

Wichtig:

Personalentwicklung wird von vielen Unternehmen als Investition in die Zukunft gesehen, als Quelle für Ansehen und Wertschätzung sowohl bei der Kundschaft als auch bei der Konkurrenz, als Wettbewerbsvorteil und schließlich die einzige Chance, die täglichen Probleme ökonomisch und effizient gelöst zu bekommen.

Das Unternehmen „Haushalt und Familie"

Der Haushalt und die damit verbundenen Aufgaben und Pflichten erfreuen sich in unserer Gesellschaft einer nicht gerade bevorzugten Aufmerksamkeit. Das macht es vielen Frauen schwer, Haushalt und Familie als ein Lernfeld anzusehen, in dem Kompetenzen entwickelt werden können. Tatsächlich gibt es hier etliche Lernchancen, deren Wert sich mit denen eines beruflichen Lernfeldes vergleichen lassen. Es empfiehlt sich daher, die alten Vorurteile zu überwinden und mit neugierigen Augen das Lernfeld „Haushalt und Familie" genauer zu betrachten.

- Der Arbeitsplatz: Das Unternehmen „Haushalt und Familie" hat – wie jedes Unternehmen – einen Arbeitsplatz anzubieten, nämlich den wichtigen und anspruchsvollen der Hausfrau.

- Das Anforderungsprofil: Auch für diesen Arbeitsplatz gibt es eine Stellenbeschreibung; sie beinhaltet diejenigen Anforderungen, denen sich die Hausfrau tagtäglich stellt, indem sie Familienarbeit leistet, die Kinder betreut, den Haushalt versorgt und all jene Dinge erledigt, die den Haushalt einer Familie umfassen.

Achtung:

Diese vielleicht ungewöhnliche Sichtweise soll nicht darüber hinwegtäuschen, daß die Hausfrau für ihre Arbeit kein Honorar erhält und ihre Wertschöpfung noch nicht einmal im Bruttosozialprodukt erscheint. Wichtig ist an dieser Stelle, daß – im Gegensatz zum Unternehmen „Haushalt und Familie" – ein Wirtschaftsunternehmen in seine Mitarbeiterinnen und Mitarbeiter investiert, indem es sie in regelmäßigen Abständen auf geeignete Seminare und Fortbildungsmaßnahmen schickt, mit Sonderaufgaben betraut, spezielle Förderprogramme initiiert usw., das heißt sein Personal entwickelt. Viele Unternehmen leisten hierbei vorbildliches. Es liegt nun nahe, diesen Gedanken der Personalentwicklung auf den privaten Bereich zu übertragen, auf das Lernfeld „Haushalt und Familie".

Um Haushalt und Familie als Lernfeld für die Entwicklung unserer eigenen Kompetenzen erfolgreich benutzen zu können, benötigen wir weitere Informationen zum Anforderungsprofil des Arbeitsplatzes „Haushalt und Familie" sowie speziell für diesen Bereich brauchbare und nützliche Methoden der Personalentwicklung.

Das Anforderungsprofil des Arbeitsplatzes „Haushalt und Familie"

Das Anforderungsprofil beschreibt, welche Verhaltensweisen (Kompetenzen und Potentiale) von der Stelleninhaberin (das ist die Hausfrau) erwartet werden, um die Aufgaben an diesem Arbeitsplatz erfolgreich bewältigen zu können.

Zehn Anforderungsdimensionen

- Unternehmensbezogenes (beziehungsweise familienbezogenes) Denken und Handeln
- Planung, Koordination, Kontrolle
- Komplexes Problemlösungsverhalten
- Entscheidungsverhalten
- Kommunikationsaspekte – gemeinsam mit Kontaktfähigkeit
- Integration/Konfliktverhalten
- Delegation und Führung
- Persönliche Kompetenz und Selbstbeauftragung
- Pädagogische Kompetenz
- Belastbarkeit

Diese zehn Anforderungsdimensionen beinhalten quasi eine Stellenbeschreibung des Arbeitsplatzes „Haushalt und Familie". Beim genauen Hinschauen fällt auf, daß hier auch Anforderungen dabei sind, die sich von „sozialen Kompetenzen" deutlich unterscheiden. In der Tat umfassen die im haushaltlich-familiären Bereich gemessenen „Familienkompetenzen" viel mehr als nur soziale Aspekte. Planen und Koordinieren zum Beispiel sind Kompetenzen, die an jedem Arbeitsplatz und im Management gebraucht werden. Kompetenzen, die im haushaltlich-familiären Umfeld entwickelt werden können, heißen „Familienkompetenzen". Damit weist der Begriff auf den Ursprungsort dieser Kompetenzen hin.

Wichtig:

Die zehn Anforderungsdimensionen zeigen auch, was eine Hausfrau (oder ein Hausmann) können muß, um einen Haushalt mit Familie erfolgreich managen zu können. Daraus leiten Sie ab, welche Kompetenzen Sie trainieren können, wenn Sie die spezifischen Anforderungen dieses Arbeitsplatzes „Haushalt und Familie" bewältigen.

Wenn Sie diesen Gedanken konsequent zu Ende führen, dann sehen Sie, daß eine Hausfrau, indem sie die Anforderungen ihres Arbeitsplatzes bewältigt, eine „Personalentwicklung" wahrnimmt, nämlich ihre eigene. Das gilt übrigens auch für den Partner, sofern er sich als Hausmann voll und ganz den Pflichten von Haushalt und Familie widmet, auch er erfährt dabei eine vergleichbare Förderung seiner Kompetenzen und Potentiale.

Bitte überlegen Sie sich, welche der zehn Anforderungsdimensionen zu den von Ihnen bevorzugten Bereichen gehören. Lieben Sie es, komplexe Probleme zu lösen? Sind Sie sehr kontaktfreudig? Bitte versuchen Sie herauszufinden, welche der zehn Anforderungsdimensionen bei Ihnen am besten ausgeprägt sind. – Das ist ein erster Test zur Einstimmung. Viel Spaß dabei!

Anforderungsprofil: „Haushalt und Familie"

So schätzen Sie Ihre Kompetenzen richtig ein

Sie benötigen eine brauchbare Hilfe bei der Selbsteinschätzung der eigenen Potentiale, das heißt, Sie müssen wissen, wie Sie Ihr persönliches Kompetenzenprofil erarbeiten können.

Als Personalentwicklerin in eigener Sache nutzen Sie die Anforderungen des Arbeitsplatzes „Haushalt und Familie". Sie starten bei der eigenen Situation:

- Wenn Sie ausschließlich als Hausfrau arbeiten, dann stehen Ihnen derzeit die Anforderungen aus dem Arbeitsplatz „Haushalt und Familie" als Trainingsfeld zur Verfügung.

- Sobald Sie zusätzlich einer Erwerbsarbeit nachgehen – selbst wenn es sich dabei nur um ein geringfügiges Beschäftigungsverhältnis handeln sollte –, haben Sie zwei Arbeitsplätze, einen betrieblichen und einen haushaltlichen. Folglich können Sie an beiden Arbeitsplätzen Kompetenzen trainieren und entwickeln.

- Wenn Sie als Hausfrau arbeiten und zusätzlich ein Ehrenamt ausüben – sei es in einem Verband oder im Rahmen eines politischen Engagements – stehen Ihnen die Erfahrungswerte aus diesen beiden (nichtbetrieblichen) Arbeitsplätzen zur Verfügung.

In der heutigen Zeit, auf der Schwelle zur nachindustriellen Gesellschaft, können wir es uns nicht mehr leisten, nur noch den bezahlten, betrieblichen Arbeitsplatz als „Arbeitsplatz" wahrzunehmen. Erfahrungen werden überall dort gesammelt, wo es Herausforderungen gibt, vor denen wir nicht weglaufen, wo wir uns anstrengen, ein gutes Ergebnis zu erzielen – und das unabhängig davon, ob wir eine Bezahlung erwarten beziehungsweise erhalten. Prüfen Sie daher, wie viele Arbeitsplätze Sie innehaben.

Jeder Ort, an dem Sie Erfahrungen sammeln können, ist nützlich, wenn Sie Entscheidungen, die das eigene Leben betreffen, vorbereiten wollen. Als Hausfrau sind Sie nicht nur „Arbeitgeberin in eigener Sache", sondern auch „Personalentwicklerin in eigener Sache". Es liegt an Ihnen, wie Sie Ihre eigenen Kompetenzen nutzen, ob und wieviele Sie entwickeln wollen.

> **Praxis-Tip**
>
> Alle Kompetenzen, die Sie im Verlauf Ihres Lebens erworben haben, können Sie einsetzen, um Ihre Probleme zu lösen, um Ihr Leben zu erleichtern, um die Dinge zu erreichen, die Sie haben wollen. Vorausgesetzt Sie kennen Ihre eigenen Kompetenzen, und wissen, „was in Ihnen steckt".

Die folgenden Hinweise helfen Ihnen, Ihre persönlichen Kompetenzen zu erkennen und einzuschätzen. Dabei ist es unwichtig, ob Sie als Hausfrau, als Hausmann, als teilzeitbeschäftigte Hausfrau oder als ganztagsbeschäftigte Gelegentlich-Hausfrau diesen Vergleich beginnen.

Kompetenzen haben und entwickeln

Zu Ihnen gehören eine Reihe von Kompetenzen. Einige haben Sie erworben, weil Sie frühere Lernchancen genutzt haben; einige sind Ihnen zugefallen, das heißt, sie gehören zu Ihrer Persönlichkeit dazu. Sie können davon ausgehen, daß die meßbaren Kompetenzen eine Kombination von erworbenen und der Persönlichkeit innewohnenden Merkmalen sind. Diese Vorstellung unterstützt auch eine Erfahrung, die Sie täglich machen: Es gibt Arbeiten, die gehen Ihnen leicht von der Hand, weil das schon immer so war (sprich: Begabung), andere Arbeiten kosten viel Kraft, Sie müssen schwer darum kämpfen, bis Sie endlich erfolgreich sind.

Anforderungsprofil: „Haushalt und Familie"

> **Praxis-Tip**
>
> In jedem Falle gilt: Kompetenzen sind ein Teil Ihrer Persönlichkeit und gehören zu Ihnen dazu. Sie können sie weiter entwickeln und neue erwerben, indem Sie sich den Herausforderungen stellen. Wenn Sie Aufgaben erledigen oder Herausforderungen bewältigen, setzen Sie sich dabei einem Training aus. Sie trainieren jene Kompetenzen, die Sie benutzen, um die Aufgabe zu bewältigen oder das Problem zu lösen. Das heißt, wenn Sie vor einem Problem oder einer Schwierigkeit nicht weglaufen, sondern sich den Herausforderungen stellen, schulen und entwickeln Sie Ihre schon vorhandenen Kompetenzen weiter.

Wenn Sie zum ersten Mal vor einer unbekannten Aufgabe stehen und diese zusätzlich sehr schwierig ist, haben Sie die Chance, ganz neue Kompetenzen zu erwerben. Selbstverständlich können Sie auch scheitern; oder Sie können es auch gleich bleiben lassen. Die Entscheidung, welche Art von Erfahrung Sie bevorzugen, liegt bei Ihnen.

Vor allem bei schwierigen Aufgaben ist es manchmal weniger wichtig, ob Sie sie hundertprozentig bewältigen. Neue Erfahrungen können Sie auch dann sammeln, wenn Sie die Aufgabe nur zum Teil bewältigen oder – auch das ist möglich – „erfolglos" bleiben. Aber dann haben Sie wenigstens herausbekommen, wie es nicht geht.

Das gilt für jede Tätigkeit und für jeden Arbeitsplatz, also auch für den Arbeitsplatz „Haushalt und Familie". Sie können Ihre Kompetenzen durch die täglichen Erfahrungen in Haushalt und Familie trainieren und weiterentwickeln. Dabei modifizieren die unterschiedlichen Bedingungen des Haushaltes, zum Beispiel die Haushaltsgröße, die Anzahl der Kinder, die Ausstattung des Haushaltes

Zurück in den Beruf

usw. die wahrgenommenen Anforderungen. Und schließlich gibt es neben Ihren Kompetenzen noch persönliche Vorlieben, Neigungen und Interessen. Auch diese beeinflussen, wie Sie mit den Anforderungen und Aufgaben umgehen.

Ihre persönliche Kompetenzen-Checkliste:

Bitte überlegen Sie, wie Sie in den vergangenen Wochen und Monaten mit Ihren Kompetenzen umgegangen sind.

Bitte schreiben Sie auch hier in der „Ich-Form" und benutzen Sie Verben (Tätigkeitswörter). Sie sind die Voraussetzung dafür, daß Sie, sozusagen in der nächsten Runde, aus Ihrem eigenen Beispiel wieder lernen können.

1. Welches war die letzte Herausforderung, die Sie akzeptiert haben? Bitte beschreiben Sie das Beispiel.

   ....

   ....

   ....

   ....

   ....

   ....

   ....

Anforderungsprofil: „Haushalt und Familie"

2. Welche Leistungen sollten oder wollten Sie erbringen?

   ....
   ....
   ....
   ....

3. Welche Kompetenzen wurden von Ihnen gefordert?

   ....
   ....
   ....
   ....

4. Wie sah das Ergebnis aus?

   ....
   ....
   ....
   ....

5. Wie sind Sie mit dem positiven Ergebnis umgegangen?

....

....

....

6. Wie sind Sie mit dem negativen Ergebnis umgegangen?

....

....

....

```
┌─────────────────────────────────────────────────────────────────┐
│                                                                 │
│   [Kompetenzen unterstützen das  ] ← [Das Bewältigen von Aufgaben]│
│   [Bewältigen der Aufgaben.      ]   [trainiert Kompetenzen.    ]│
│           ↓                                      ↑              │
│   [Das Bewältigen von Aufgaben]      [Kompetenzen unterstützen das]│
│   [trainiert Kompetenzen.    ]       [Bewältigen der Aufgaben.   ]│
│           ↓                                      ↑              │
│   [Kompetenzen unterstützen das] → [Das Bewältigen von Aufgaben]│
│   [Bewältigen der Aufgaben.    ]   [trainiert Kompetenzen.     ]│
│                                                                 │
└─────────────────────────────────────────────────────────────────┘
```

Anforderungsprofil: „Haushalt und Familie"

In der Psychologie gibt es verschiedene Methoden, Kompetenzen und Potentiale von Personen meßbar zu machen; das gilt auch für die Familienkompetenzen. Durch individuell meßbare Kompetenzen können Arbeitgeberinnen und Arbeitgeber – unabhängig davon, ob sie ein Wirtschaftsunternehmen, eine Behörde oder ein Nonprofit-Unternehmen zu führen haben – vielfältiges Erfahrungswissen (also nicht originär dem betrieblichen Lernfeld verbundene Erfahrungen) für sich nutzen. Zahlreiche Erfahrungen, die Menschen in privaten Lernfeldern (wozu die Familie gehört), in Ehrenämtern oder politischen Engagements sammeln, können gemessen werden und in einer objektivierten Form als „Stärkenprofil" (Kompetenzenbilanz) für die weitere Gestaltung eines individuellen Lebens- und Berufsweges zur Verfügung stehen.

Ziehen Sie Bilanz: Ihre Erfahrungen, Potentiale, Kompetenzen 3

Es ist nicht möglich, daß Sie nichts lernen … 36

Wie Sie Ihr Kompetenzenprofil erstellen können 38

   Familienkompetenz – Übungen:

- unternehmensbezogenes (hier: familienbezogenes) Denken und Handeln 44
- Planung, Koordination, Kontrolle 51
- komplexes Problemlösungsverhalten 57
- Entscheidungsverhalten 61
- Kommunikationsaspekte (gemeinsam mit Kontaktfähigkeit) 67
- Integration/Konfliktverhalten 75
- Delegation und Führung 82
- persönliche Kompetenz und Selbstbeauftragung 90
- pädagogische Kompetenz 96
- Belastbarkeit 101

Zurück in den Beruf

Es ist nicht möglich, daß Sie nichts lernen ...

Lernen und das Sammeln von Erfahrungen können zu jeder Zeit stattfinden. Ein Problem, das Sie gelöst haben, eine Herausforderung, die Sie erfolgreich bewältigen konnten, hinterlassen eine Lernspur in Ihrem Leben. Die Summe der Lernspuren sind Ihre Erfahrungen, Kenntnisse, Wissen, Potentiale und Kompetenzen.

Nun kann es vorkommen, daß eine Erfahrung, die Sie gerade gemacht haben, Ihnen wieder abhanden kommt. Sie haben zwar die Aufgabe bewältigt, aber mit der Lösung der Aufgabe kein Erfolgserlebnis verbunden. Dafür sind verschiedene Gründe verantwortlich:

- Familienbezogene Leistungen der Hausfrauen werden in unserer Gesellschaft nur gering bewertet. Das unterstützt eine Fehleinschätzung der eigenen Leistungen, die – weil sie gering bewertet werden – nicht mehr als Leistungen erscheinen. Das dazugehörige Stichwort: „Das ist doch nichts Besonderes."

- Viele Hausfrauen haben sich zu hochkompetenten „Allround-Spezialistinnen" entwickelt. Sie managen den Haushalt aus einer unvergleichlichen Selbstverständlichkeit heraus und kommen nicht auf den Gedanken, darin etwas Besonderes zu sehen. Aus dem Gefühl heraus, daß dieses oder jenes doch selbstverständlich sei, bemerken sie die eigenen Leistungen nicht mehr, sind sie auf das Erreichte nicht stolz. Wenn Leistungen als „selbstverständlich" eingeschätzt werden, kann das Gespür für die eigene Beteiligung an einem Ergebnis oder einem Erfolg abhanden kommen.

- Speziell in unserer Gesellschaft ist es – zumindest für Frauen – unüblich, auf den eigenen Erfolg stolz zu sein. In manchen klugen Büchern steht in diesem Zusammenhang zu lesen, daß Frauen vor dem Erfolg „Angst" hätten und deshalb Strategien anwendeten, um Erfolge zu vermeiden. Das stimmt nicht! Frauen haben es im Verlauf ihres Lebens gelernt, den Erfolg zu vermeiden. Wenn sie sich zu offensichtlich über ihren Erfolg freuen, wenn sie darauf sogar stolz sind und sich auf ihre Leistungen etwas einbilden, erfahren sie eine strenge „negative Sanktion" (eine Zurückweisung oder Bestrafung auf der sozialen Ebene).

Fazit:

In unserer Gesellschaft haben sich viele Frauen den Stolz auf die eigene Leistung abtrainieren lassen. Haushaltliches Arbeiten wird nicht als wichtig angesehen, folglich sind die Leistungen, die hier erbracht werden, ebenfalls „nicht wichtig". Das hat zur Folge, daß viele Frauen ihre eigenen Leistungen unterschätzen; das gilt für den haushaltlich-familiären Bereich und teilweise auch für den beruflichen.

Beispiel:

Im Gespräch hatte eine junge Frau beiläufig erzählt, daß sie gerade dabei sei, ein kleineres Buch zu schreiben. Nach einigem Zögern sagte sie, daß sie gerade ihre Doktorarbeit zu einem philosophischen Thema schrieb. Das ist nur eine Frau mehr, die gelernt hat, auf ihre Leistung nicht stolz zu sein.

Praxis-Tip

- Die realistische Einschätzung der eigenen Leistungen und Kompetenzen ist eine wichtige Voraussetzung für das Erarbeiten des Kompetenzenprofils (die „Bilanz der Kompetenzen").
- Sie brauchen das bewußte Erfolgserlebnis, damit Sie die Ergebnisse und Leistungen, die Sie sich erarbeitet haben, als neue Erfahrungen in Ihre „Bilanz der Kompetenzen" aufnehmen können.

Zurück in den Beruf

Führen Sie sich diese beiden Zielsetzungen vor Augen und beginnen Sie nun damit, Ihre Kompetenzen zu erarbeiten.

Wie Sie Ihr Kompetenzenprofil erstellen können

Die folgenden Übungen (ab Seite 44) helfen Ihnen, Ihre derzeitigen Kompetenzen zu ermitteln und so eine Gesamtbilanz Ihrer Kompetenzen zu erstellen. Nehmen Sie sich dafür Zeit und lesen Sie die Instruktionen gründlich durch. Sie werden feststellen, daß alle Aufgaben nach dem gleichen Schema aufgebaut sind, so daß Sie jede in der gleichen Weise durcharbeiten können. Die Zeit, die Sie dabei investieren, sollte es Ihnen wert sein.

Für Ihre Analyse finden Sie zwei Gruppen von Kompetenzen: Familienkompetenzen und sogenannte Kernkompetenzen. Beide gehören dem Lernfeld „Haushalt und Familie" an, das heißt, sie lassen sich hier entwickeln und trainieren. Während Familienkompetenzen ausschließlich auf den haushaltlich-familiären Bereich bezogen bleiben, lassen sich Kernkompetenzen ohne Probleme auf den beruflichen Arbeitsalltag übertragen. Falls Sie derzeit berufstätig sind und eine Veränderung ihrer beruflichen Situation anstreben, werden Sie den Kernkompetenzen größeres Gewicht beimessen und die ausschließlich für den haushaltlich-familiären Bereich maßgeblichen Familienkompetenzen vernachlässigen. Dabei sollten Sie jedoch bedenken, daß genau diese Kernkompetenzen dem Lernfeld „Haushalt und Familie" entstammen und Sie hier ein komplexes und anspruchsvolles Trainingsfeld vorfinden.

Achtung:

Einige der Familienkompetenzen/Kernkompetenzen überschneiden sich mit Managementkompetenzen. Sie können sie daran er-

Ziehen Sie Bilanz

kennen, daß diese zunächst nichts mit dem Lernfeld „Haushalt und Familie" zu tun zu haben scheinen. Das jedoch ist ein vordergründiger Eindruck und ein falscher. In der Tat gibt es eine Reihe von Managementkompetenzen, die mit Familienkompetenzen identisch sind, das heißt auch im Lernfeld „Haushalt und Familie" erworben werden können.

Gehen Sie Schritt für Schritt vor

Bei den folgenden Übungen finden Sie immer zwei Beispiele vorangestellt, die andere Frauen erzählt haben. Sie entstammen einmal dem haushaltlich-familiären, das andere Mal dem betrieblich-beruflichen Lernfeld. In diesen Beispielen können Sie Merkmale der Familienkompetenz beziehungsweise Kernkompetenz erkennen.

Bitte lesen Sie jeweils diese Beispiele sorgfältig durch.

Mit Beispielen arbeiten

Bitte blättern Sie nun auf die Seite 44 vor und lesen Sie die beiden Beispiele sorgfältig durch. Lassen Sie die beiden Erzählungen anderer Frauen einen Augenblick auf sich wirken und überlegen Sie dabei, ob Sie schon einmal etwas Ähnliches erfahren oder getan haben.

Beispiele, die Sie erlebt haben, sind der Ort, an dem Ihre persönlichen Kompetenzen „gespeichert" werden. Mit Beispielen zu arbeiten, ist die beste Methode, die es gibt, wenn Sie Ihren eigenen Kompetenzen auf die Spur kommen wollen. Aber es verlangt ein gewisses Maß an Übung. Bitte haben Sie daher genügend Geduld, beginnen Sie langsam und lehnen Sie ein Beispiel, das Ihnen einfällt, nicht vorschnell ab. Auch in einem kleinen Beispiel können Kompetenzen verborgen sein.

Zurück in den Beruf

Erläuterungen zu den Übungen:

Die Anforderungsdimension „unternehmensbezogenes beziehungsweise familienbezogenes Denken und Handeln" (Seite 44):

Bei dieser Anforderung ist – wie der Name bereits sagt – der haushaltlich-familiäre und teilweise der betriebliche Bereich angesprochen. Die jeweils vorangestellten Beispiele spiegeln das wider, sie sind einmal dem haushaltlich-familiären, das andere Mal dem beruflichen Lernfeld entnommen. Die einzelnen Anforderungen entstammen vornehmlich dem Lernfeld „Haushalt und Familie". Wenn Sie jedoch das Wort „Familie" durch das Wort „Unternehmen" ersetzen (in einigen Fällen geht das problemlos), werden Sie bemerken, daß der neue Sinn dieser Anforderung tatsächlich auf das Unternehmen übertragbar ist.

Lesen Sie anschließend die darunter stehenden Sätze, die die Familienkompetenz (genauer gesagt: die Anforderungsdimension einer Familienkompetenz) vollständig beschreiben. Sie können leicht erkennen, daß diese Aussagen aus den vorangestellten Beispielen abgeleitet werden.

Wenn zum Beispiel die Hausfrau in der Vorweihnachtszeit gemeinsam mit den Kindern Plätzchen backt und sich dadurch ein Gefühl der Zusammengehörigkeit einstellt, hat das etwas mit einem „harmonischen Familienleben" zu tun.

Wenn eine Mitarbeiterin eine wichtige Arbeit mit nach Hause nimmt, um sie dort schnell fertigzustellen, hat das etwas damit zu tun, daß sie bereit ist, sich außerordentlich zum Wohl des Unternehmens zu engagieren und dabei „persönliche Ziele beim Handeln in den Hintergrund stellt".

Ziehen Sie Bilanz

Die Anforderungsdimension „Planung, Koordination, Kontrolle" (Seite 51):

Hierbei handelt es sich um Anforderungen, die sowohl dem haushaltlich-familiären als auch dem beruflichen Lernfeld zugeordnet werden können. Die Anforderungsprofile des Arbeitsplatzes „Haushalt und Familie" sowie die eines betrieblichen Arbeitsplatzes beinhalten beide in vergleichbarer Weise diese Anforderungen; die Anforderungsprofile überschneiden sich.

Wenn zum Beispiel eine Mutter Zettel für ihre Kinder schreibt, auf denen zu lesen ist, wer welche Aufgaben zu erledigen hat, dann ist die Anforderung „Ich organisiere und unterstütze die Familie bei einer effizienten Arbeitseinsatzplanung" erfüllt. Vergleichbares gilt bei dem betrieblichen Beispiel. Auch hier sind etliche Anforderungen für ökonomisches und ergebnisorientiertes Arbeiten erfüllt.

Bearbeitungshinweise für die Übungen (ab Seite 44):

- Bitte versuchen Sie, ein Beispiel aus Ihrem Arbeitsalltag als Hausfrau (oder Hausmann) zu finden. Mit Ihrem Beispiel sollen Sie zeigen, wie Sie „familienbezogenes Denken und Handeln" zum Ausdruck bringen, zum Beispiel, indem Sie ein „harmonisches Familienleben" entstehen lassen. Desgleichen, wie Sie „Planung, Koordination und Kontrolle" realisieren, zum Beispiel, indem Sie „die Familie bei einer effizienten Arbeitseinsatzplanung unterstützen". Sie beantworten damit die Frage, ob dieser Teilaspekt der Familienkompetenz beziehungsweise Kernkompetenz bei Ihnen vorhanden ist.

- Wenn Sie anfangen, in Ihrer Erinnerung nach Beispielen zu suchen, werden Sie eine interessante Feststellung machen. Es gibt große Beispiele, die beinahe kleine Geschichten sind, und es gibt kleine, die Sie mit wenigen Sätzen erzählen können. Beide sind gleich wertvoll; weisen Sie daher keines zurück, weil Sie glauben, es sei zu groß (kompliziert) oder zu klein (dürftig).

Ein kleines Beispiel können Sie direkt in die entsprechende Zeile eintragen, zum Beispiel:

Familienkompetenz (Seite 47): Bevor ich persönlichen Interessen nachgehe, vergewissere ich mich, daß die Familie mich nicht braucht.

Ihr Beispiel: Bevor ich zum Seminar gegangen bin, habe ich nochmals eingekauft, damit alles da war, und dann habe ich für die Zeit meiner Abwesenheit vorgekocht, damit mein Mann und die Kinder nur noch aufwärmen oder aufbacken mußten.

Es ist völlig in Ordnung, wenn Sie einzelne, kleine Beispiele finden und jeweils in die entsprechende Zeile eintragen.

- Falls Ihnen ein großes Beispiel einfällt, dann können Sie es zunächst auf ein Blatt Papier schreiben. (Das ist eine gute Methode, komplexe Beispiele „in den Griff zu kriegen".) Sie benutzen es für Ihre Bilanz der Kompetenzen, wenn Sie es in seine Bestandteile zerlegen und dann die Teile dort eintragen, wo sie entsprechend ihrem Inhalt nach hingehören!

- Ein aussagekräftiges, großes Beispiel können Sie mehrmals benutzen und damit mehrere Zeilen bearbeiten. Es ist sogar möglich, daß ein aussagekräftiges Beispiel einmal für die Anforderungsdimension „Planung, Koordination, Kontrolle" und später nochmals zum Beispiel für die Anforderungsdimension „Delegation und Führung" brauchbar ist.

- Wenn Sie für eine Zeile kein Beispiel finden, dann lassen Sie diese bitte aus. Es ist nicht erforderlich, daß Sie für jede Zeile ein Beispiel haben. Bitte erinnern Sie sich, was wir weiter oben über Kompetenzen und Individualität festgestellt haben. Es gehört zu einem persönlichen Kompetenzenprofil dazu, daß die eine oder andere Anforderung ohne Beispiel bleibt.

- Auf diese Weise bearbeiten Sie eine Zeile nach der anderen. Wenn Ihr Beispiel für die eine oder andere Zeile nicht zutrifft und Sie kein weiteres Beispiel finden, lassen Sie bitte die Zeile aus und gehen Sie zur nächsten. Überall, wo Sie ein Beispiel haben, schreiben Sie es in kurzen Worten in die entsprechenden Zeilen. Auch hier ist wichtig, daß Sie in der „Ich-Form" schreiben. Benutzen Sie Verben (Tätigkeitsworte), weil nur diese den direkten Bezug zu Ihren Kompetenzen herstellen können.

- Sie haben sich nun auf die Suche nach Beispielen gemacht und sind gerade dabei, eine Sammlung anzulegen, die etwas mit Ihrem persönlichen Kompetenzenprofil zu tun hat. Die ersten Beispiele müssen Sie vielleicht noch mühsam suchen. Aber nach einiger Zeit werden Sie bemerken, daß es leichter geht und Sie Routine bekommen. Akzeptieren Sie ein kleines Beispiel genauso wie ein großes, inhaltsreiches. Beispiele, die Sie öfter eintragen können, sind „inhaltsreiche" Beispiele; scheuen Sie sich also nicht, ein gutes Beispiel mehrfach heranzuziehen.

- Wenn Ihnen zur einen oder anderen Anforderung mehrere Beispiele einfallen, dann versuchen Sie einen Kompromiß. Beschreiben Sie ein Beispiel ausführlich, das andere nur mit Stichworten.

- Wenn Sie alle Anforderungsdimensionen durchgearbeitet haben, werden Sie feststellen, daß Sie für einige Kompetenzbereiche sehr viele Beispiele, für andere hingegen wenige gefunden haben. Das ist selbstverständlich und zu erwarten. Jeder Mensch ist anders und hat andere Vorlieben und Stärken. Dementsprechend finden Sie für einen Kompetenzbereich, der zu Ihren Vorlieben oder Stärken zählt, mehr Beispiele, für einen anderen entsprechend weniger. Und damit keine falschen Erwartungen entstehen: Es ist nicht möglich, in allen Bereichen gleich viele Beispiele zu finden. Das würde bedeuten, daß es keine individuellen Vorlieben und Schwerpunkte gibt.

Wichtig:

Die einzelnen Kompetenzbereiche sind umfangreich und verlangen intensives Nachdenken von Ihnen. Nehmen Sie sich Zeit, die Beispiele sorgfältig zu bearbeiten und lassen Sie sich nicht aus der Ruhe bringen. Denn nur so können Sie wertvolle Erkenntnisse für sich daraus gewinnen.

Bitte beachten Sie für die Übungen folgende Regelung:

- Familienkompetenzen sind in *kursiver Schrift* gesetzt.
- Kernkompetenzen (sowohl auf Haushalt und Familie als auch auf den Beruf bezogen) sind in gerader Schrift.

Familienkompetenz: unternehmensbezogenes (hier: familienbezogenes) Denken und Handeln

„Eine familiäre Atmosphäre ist wichtig für das Wohlgefühl. Z. B. in der Vorweihnachtszeit gemeinsam mit den Kindern Plätzchen backen, ich mache das genauso wie meine Mutter. Es gibt ein Gefühl der Zusammengehörigkeit. Wir machen etwas, das wir später wieder aufessen. Das ist sehr schön …".

Ziehen Sie Bilanz

> „Unsere Presseabteilung hat eine Veranstaltung vorbereitet. Zunächst war nicht klar, wer die Begrüßungsrede halten würde. Je nachdem müßte ich einige Zeilen formulieren. Dann, es war mal wieder kurz vor knapp, wurde festgelegt, daß der Präsident begrüßt. Also habe ich die Unterlagen mit nach Hause genommen, und ganz schnell eine Begrüßungsrede aufgesetzt. Als ob ich so etwas Ähnliches geahnt hätte. Ich hatte nämlich schon im voraus, für alle Fälle, die nötigen Unterlagen zusammengestellt."

1. Ich tue alles für ein harmonisches Familienleben.

....

....

....

....

....

2. In der täglichen Arbeit verliere ich das Wohl der Familie nicht aus den Augen.

....

....

....

....

....

3. Ich bin bereit, viel zu arbeiten und mich außerordentlich zum Wohl der Familie zu engagieren.

....

....

....

....

....

4. Ich stelle persönliche Ziele beim Handeln in den Hintergrund.

....

....

....

....

Ziehen Sie Bilanz

....

....

5. *Ich überlege bei der Arbeit genau, was der Familie nützlich ist.*

....

....

....

....

....

6. *Bevor ich persönlichen Interessen nachgehe, vergewissere ich mich, daß die Familie mich nicht braucht.*

....

....

....

....

....

Zurück in den Beruf

7. Bei längerer Abwesenheit von zu Hause ergreife ich Maßnahmen, damit die übrige Familie im Haushalt zurecht kommt.

....

....

....

....

....

....

8. Ich achte darauf, daß die Familienangehörigen die Interessen der anderen bei ihrem Tun und Lassen berücksichtigen.

....

....

....

....

....

....

Ziehen Sie Bilanz

9. *Ich erkläre der Familie, daß jeder einzelne für das Familienklima verantwortlich ist und halte zur gegenseitigen Rücksichtnahme an.*

....

....

....

....

....

....

10. *Ich verwende das Familieneinkommen zum Wohle der Familie und teile es gut ein.*

....

....

....

....

....

....

11. *Ich achte auf eine ausgewogene, gesunde Ernährung der Kinder.*

....

....

....

....

....

....

12. *Ich sorge für die körperliche und seelische Gesundheit der Kinder.*

....

....

....

....

....

....

Ziehen Sie Bilanz

Familienkompetenz: Planung, Koordination, Kontrolle

> *„In den Herbstferien arbeite ich und muß morgens die Kinder alleine lassen. Damit das klappt, habe ich mir ein System ausgedacht. Ich decke morgens den Tisch, lege einen Zettel dazu, auf dem steht, was alles zu tun ist. Den Zettel beginne ich mit ‚Hallo, guten Morgen'. Dann schreibe ich auf, was die Kinder tun müssen: den Tisch abräumen, für die Schule arbeiten, zum Beispiel muß der Große der Kleinen etwas diktieren. Ich teile die Arbeiten gerecht zu, zum Beispiel Wäsche aufhängen, die Spülmaschine ausräumen, das Waschbecken saubermachen... Natürlich geht das nicht immer alles glatt. Wenn ich eine Arbeit nicht gut genug beschreibe, machen sie es nicht. Sie nutzen das aus, aber dann müssen sie es später machen. Ich lege Wert darauf, daß es doch gemacht wird."*

> „Es ist meine Aufgabe, die Planungsunterlagen für den Vorstand zu erstellen; das muß in längstens vier Tagen erledigt sein. Da muß ich alle Arbeiten delegieren, die nicht unmittelbar mit den Planungsunterlagen zu tun haben. Ich überlege mir genau, wer mir welche Arbeiten machen kann. Einige Mitarbeiter haben Hilfskräfte oder Studenten. Die setze ich ein. Die kopieren oder stellen mir die Zahlen zusammen. Alles, was ich nicht unbedingt selbst machen muß, gebe ich in dieser Zeit aus der Hand. Ich bündle auf diese Weise alle Ressourcen, um die Planungsunterlage in der geforderten Zeit bereitzustellen."

Zurück in den Beruf

1. Ich gehe ökonomisch, ergebnisorientiert und pragmatisch vor.

   ....

   ....

   ....

   ....

   ....

   ....

2. Ich verschaffe mir als erstes einen Überblick über anstehende Arbeiten.

   ....

   ....

   ....

   ....

   ....

   ....

Ziehen Sie Bilanz

3. Ich trenne Wichtiges von weniger Wichtigem, setze Prioritäten.

   ....
   ....
   ....
   ....
   ....
   ....

4. Ich erledige von mir aus möglichst schnell anstehende Arbeiten.

   ....
   ....
   ....
   ....
   ....
   ....

5. Ich ordne mehrere Arbeitsgänge auf eine rationelle Art an und stimme verschiedene Arbeitsabläufe aufeinander ab.

....

....

....

....

....

....

6. *Ich organisiere mich selbst und unterstütze die Familie bei einer effizienten Arbeitseinsatzplanung.*

....

....

....

....

....

....

Ziehen Sie Bilanz

7. Ich behalte einen Überblick über die Aufgaben einzelner in der Familie.

....

....

....

....

....

....

8. Ich kontrolliere die finanziellen Ausgaben der Familie.

....

....

....

....

....

....

Zurück in den Beruf

9. *Ich ergreife Maßnahmen, damit die Familie sich zu bestimmten Zeitpunkten zusammenfindet.*

....

....

....

....

....

....

10. *Ich plane Familienaktivitäten unter Berücksichtigung verschiedener Interessen.*

....

....

....

....

....

....

Ziehen Sie Bilanz

11. *Ich koordiniere die unterschiedlichen Interessen der Familienmitglieder und sorge für größtmögliche Abstimmung innerhalb der Familie.*

....

....

....

....

....

Familienkompetenz: komplexes Problemlösungsverhalten

„Ich hatte ein Problem mit dem Auto und mußte daher unbedingt in die Werkstatt. Da mein Mann morgens schon sehr früh das Haus verläßt und der Kindergarten in dieser Zeit geschlossen war, mußte ich vieles unter einen Hut bringen: Die Kinder sollten nicht alleine zu Hause bleiben, das Auto mußte unbedingt für ein paar Tage in der Werkstatt bleiben, ich mußte irgendwie wieder von der weit außerhalb gelegenen Werkstatt heimkommen, und meine Nachbarin hatte keine Zeit, um auf die Kinder aufzupassen. Damit die Kinder nicht quengelten, habe ich ihnen erzählt, daß ich etwas ganz Spannendes mit ihnen mache und habe sie ins Auto gepackt. Sie waren so gespannt, daß sie keinen Ton von sich gegeben haben. Nachdem ich das Auto bei der Werkstatt abgegeben hatte, habe ich meinen Kindern

alles dort gezeigt und mir Zeit für sie genommen und anschließend jemanden vom Personal gebeten, mich gegen Bezahlung nach Hause zu fahren. Das hat dann auch alles ohne Probleme geklappt."

„Auf meinem Schreibtisch ist die Beschwerde eines Kunden gelandet. Angeblich weil die entsprechende Abteilung zu lange gebraucht hat, bis sie die bestellten Waren ausgeliefert hatten. Ich habe genau geprüft, was da im einzelnen passiert war und wo der Fehler lag. Die Außenstelle hatte geschlurt. Der Kunde war im Recht. Da habe ich die entsprechende Außendienststelle informiert und auch die verantwortliche Bereichsleitung. Ich habe verlangt, daß wir uns eine Sicherungsmaßnahme ausdenken, damit so etwas nicht noch einmal passiert."

1. Ich erfasse komplexe Probleme schnell und kann schwierige Sachverhalte in kurzer Zeit analysieren.

....

....

....

....

....

Ziehen Sie Bilanz

2. Bei der Problemlösung bin ich analytisch und kreativ.

   ....
   ....
   ....
   ....
   ....
   ....

3. Ich entwickle originelle Alternativen und eigene Ideen und überprüfe diese auf ihre Umsetzbarkeit hin.

   ....
   ....
   ....
   ....
   ....
   ....

4. Zum Lösen eines Problems übernehme und verarbeite ich auch Informationen und Denkweisen anderer.

....
....
....
....
....
....

5. Zur Lösung eines Problems kann ich eingefahrene Gleise verlassen.

....
....
....
....
....
....

Ziehen Sie Bilanz

Familienkompetenz: Entscheidungsverhalten

> *„Wir standen vor einer wichtigen Entscheidungsfrage. Sollten wir das Nachbarhaus kaufen oder das eigene Haus umbauen? Wir haben überlegt, ob mit dem Kauf des Nachbarhauses zugleich ein Zuhause für die Kinder geschaffen wird. Wir haben alles durchgerechnet. Ich bin zum Amt gelaufen und habe mich informiert, ob und wieviel vermietbarer Wohnraum gesucht wird, ich habe den Haushaltsplan geprüft, wieviel Geld da ist, wieviel wir uns leisten können. Ich habe den Wohnungsmarkt im Ort überprüft, ich habe gefragt, wer im Ort Wohnraum sucht. Erst als sicher war, daß wir einen Mieter haben würden, war klar, daß wir das Haus kaufen werden..."*

> „Ich bin für die Ausarbeitung der Routen für die Schwertransporte zuständig. Dabei ist wichtig, daß ich wirklich alle Informationen habe, sowohl über den Wagen als auch die einzelnen Straßenabschnitte. Wenn der Zug beispielsweise unter einer Brücke durch muß, muß ich wissen, ob die Straße vielleicht U-förmig verläuft und wie lang der Wagen ist. Da ist er hinten noch nicht unten angekommen und fährt aber vorne schon wieder die Straße hinauf. Dann kann es sein, daß die Brückenhöhe nicht ausreicht. Ich habe in diesem Job gelernt, wirklich an alles zu denken. Ich stelle mir die Straße und den Wagen bildlich vor... Dann telefoniere ich mit allen, mit der Firma, dem Fahrer, der Polizei, den Behörden, den Straßenbauern, einfach alle, die Informationen haben, rufe ich an und frage und frage. Erst wenn ich alle Möglichkeiten erwogen habe, stelle ich die Route zusammen."

Zurück in den Beruf

1. Ich bin mir der Verantwortung der eigenen Tätigkeit bewußt.

   ....

   ....

   ....

   ....

   ....

   ....

2. Bei Entscheidungen ziehe ich alle verfügbaren Informationen heran.

   ....

   ....

   ....

   ....

   ....

   ....

Ziehen Sie Bilanz

3. Ich suche nach verschiedenen Möglichkeiten und bewerte sie.

   ....

   ....

   ....

   ....

   ....

   ....

4. Ich erkenne Situationen, in denen ohne Abstimmung entschieden werden muß, ich nutze den Entscheidungsspielraum (oder überschreite ihn), um Dinge voranzutreiben.

   ....

   ....

   ....

   ....

   ....

   ....

5. Ich versuche nicht Entscheidungen hinauszuschieben oder auf andere abzuwälzen.

....

....

....

....

....

....

6. Die kurz-, mittel- und langfristigen Folgen einer Entscheidung für mich und andere bedenke ich; künftige Entwicklungen beziehe ich in meine Überlegungen mit ein.

....

....

....

....

....

....

Ziehen Sie Bilanz

7. Bei einer Entscheidung gehe ich kalkulierbare Risiken ein.

   ....
   ....
   ....
   ....
   ....
   ....

8. Ich bleibe bei Entscheidungen, solange keine neuen Informationen oder Argumente eine Korrektur verlangen.

   ....
   ....
   ....
   ....
   ....
   ....

9. *Ich lege Wert darauf, daß die eigenen Entscheidungen von der Familie akzeptiert werden.*

....

....

....

....

....

....

10. *Ich lege Wert darauf, daß die Familienmitglieder bei Entscheidungen beteiligt sind und sie mittragen können.*

....

....

....

....

....

....

Ziehen Sie Bilanz

Familienkompetenz: Kommunikationsaspekte (gemeinsam mit Kontaktfähigkeit)

> *„Meine Große kam mit einer Sechs in Mathe nach Hause. Der Lehrer hatte schon das Schlußsignal gegeben, da hat das Kind noch eine Klammer gemacht, und der Lehrer gab ihm deswegen eine Sechs. Das Kind hat das erzählt. Ich bin sofort in die Schule gegangen, um mit dem Lehrer zu sprechen. Ich redete und argumentierte so lange, bis er einlenkte. Ich habe für das Kind gekämpft und habe ihm vertraut, daß es wirklich nur eine Klammer gemacht hatte. Davon habe ich den Lehrer überzeugt."*

„Wir haben ein neues Projektteam gebildet, um gemeinsam die Strategie für eine Kundenbefragung festzulegen. Ich hatte die meiste Erfahrung mit diesen Dingen und die Leitung des Teams. Es war mein Job, dafür zu sorgen, daß die Ergebnisse stimmen. Weil die Zeit sehr knapp war, habe ich vorgearbeitet. Aber ich habe auch dafür gesorgt, daß sich niemand übergangen fühlte. Wir haben meine Vorschläge heftig diskutiert, auch das eine oder andere verändert. Aber das war ganz o.k. Nachher haben alle zugestimmt. Ich hab' sie alle ins Boot gekriegt."

Zurück in den Beruf

1. Ich kann mich gut auf verschiedene Situationen im Gespräch einstellen.

   ....
   ....
   ....
   ....
   ....
   ....

2. Ich höre ruhig zu, bei Unklarheiten frage ich nach und unterbreche andere nicht.

   ....
   ....
   ....
   ....
   ....
   ....

Ziehen Sie Bilanz

3. Bei anderen erzeuge ich keine Spannungen oder Aggressionen.

   ....

   ....

   ....

   ....

   ....

   ....

4. Andere übernehmen gern meine Vorschläge oder Ideen oder suchen meinen Rat.

   ....

   ....

   ....

   ....

   ....

   ....

5. Ich schaffe durch offene Äußerungen in Gesprächen mit anderen Vertrauen.

   ....
   ....
   ....
   ....
   ....
   ....

6. Ich vertraue dem Gegenüber.

   ....
   ....
   ....
   ....
   ....
   ....

Ziehen Sie Bilanz

7. Bei Meinungsverschiedenheiten suche ich das Gespräch.

   ....

   ....

   ....

   ....

   ....

   ....

8. Ich überzeuge durch Argumente und komme dadurch auch gegen Widerstände zum Ziel.

   ....

   ....

   ....

   ....

   ....

   ....

9. Eigene Argumente unterstütze ich mit Beispielen und Vergleichen.

....

....

....

....

....

....

10. Argumente anderer kann ich zum eigenen Nutzen verarbeiten.

....

....

....

....

....

....

Ziehen Sie Bilanz

11. Durch Gegenargumente lasse ich mich nicht aus dem Gleichgewicht bringen.

....

....

....

....

....

....

12. Ich habe eine optimistische Grundhaltung.

....

....

....

....

....

....

13. *Ich sehe Gespräche mit Kindern und dem Ehe-/Lebenspartner als wichtig an; ich nehme mir Zeit für ein Gespräch.*

....

....

....

....

....

....

14. *Ich pflege Kontakte zu Menschen, die für die Familie wichtig sind.*

....

....

....

....

....

....

Ziehen Sie Bilanz

Familienkompetenz: Integration/Konfliktverhalten

„Wir hatten eine gut funktionierende Krabbelgruppe und auch einen Raum, den uns der Verband zur Verfügung gestellt hatte. Aber mit der Zeit ist der Elan eingeschlafen, und immer öfter hat jemand gefehlt. Da habe ich die Frauen gefragt, was sie wirklich wollten. Ich habe die ganze Gruppe zum Essen eingeladen (sechs Frauen) und gesagt, daß wir das Thema diskutieren sollten. Es hat sich gezeigt, daß eigentlich alle die Gruppe haben wollten. Jetzt geht es wieder sehr gut. Manchmal muß man nur miteinander reden ..."

„Wir sind im Vertrieb acht Sekretariate. Es gehört zu unseren Aufgaben, Kaffee und Tee für die Kunden und natürlich auch für die Chefs und Kollegen zu kochen. Jede von uns wollte schnell sein. Und wenn plötzlich ein Kunde vor der Tür stand, haben wir auch mal von anderen Sekretariaten Kaffee genommen. Das hat mit der Zeit zu Reibereien geführt. Da haben wir uns an einen runden Tisch gesetzt und uns was überlegt. Wir wollten eine große Kaffeemaschine für alle. Das haben wir mit dem Chef besprochen. Jetzt haben wir auch ein ganz neues Service für alle gekauft, jetzt gibt es keinen Streß und Hektik mehr. Wir konnten uns gut einigen."

Zurück in den Beruf

1. Fördernde und hemmende Voraussetzungen für gutes Miteinanderauskommen erkenne ich.

   ....

   ....

   ....

   ....

   ....

   ....

2. Ich respektiere die Arbeit und Meinung anderer.

   ....

   ....

   ....

   ....

   ....

   ....

Ziehen Sie Bilanz

3. Ich bin Ansprechpartner(in) bei Krisen und Problemen, ich habe Verständnis für Probleme anderer.

   ....

   ....

   ....

   ....

   ....

   ....

4. Bei Streitigkeiten vermittle ich, schlichte Streit, finde Kompromisse.

   ....

   ....

   ....

   ....

   ....

   ....

5. Ich bin bemüht, bei Ratschlägen neutral und fair zu sein.

6. Ich lasse mich nicht schnell frustrieren.

Ziehen Sie Bilanz

7. Probleme löse ich unter Beachtung der Mentalität und Gefühle der Beteiligten.

   ....

   ....

   ....

   ....

   ....

   ....

8. Ich weiß um die Entstehung von Konflikten.

   ....

   ....

   ....

   ....

   ....

   ....

9. Bei Konflikten bin ich bereit, diese offen anzusprechen und Konfliktlösungen anzubieten.

....

....

....

....

....

....

10. Bei Konflikten behalte ich einen klaren Kopf.

....

....

....

....

....

....

Ziehen Sie Bilanz

11. Ich bin in der Lage, Konflikte auf faire, für alle Parteien akzeptable Weise zu lösen.

   ....
   ....
   ....
   ....
   ....
   ....

12. Beim Bewältigen von Konflikten richte ich unterschiedliche Interessen auf ein Ziel aus.

   ....
   ....
   ....
   ....
   ....
   ....

Zurück in den Beruf

13. Ich liefere aktive, beratende, unterstützende Beiträge für die Familienmitglieder.

....

....

....

....

....

....

Familienkompetenz: Delegation und Führung

> „Ich habe für vier Wochen die Unterstützung von meiner Nachbarin benötigt, nämlich montags und dienstags. Da sollte sie das Kind abholen. Ich habe ihr freundlich die Situation erklärt und auf den begrenzten Zeitraum hingewiesen. Das hat sie geneigt gemacht, mir zu helfen."
>
> „Wenn mir etwas nicht gefällt, gehe ich so vor: Ich sage, wie es aussehen soll, damit es mir wieder gefällt. Angenommen, Berge von Spielsachen sind im Wohnzimmer. Dann sage ich dem Kind, daß es die Sachen wegräumen soll. Jedesmal, wenn es in sein Zimmer geht, muß es ein paar Spielsachen mitnehmen, bis alles dort ist."

Ziehen Sie Bilanz

> „Ich habe eine engagierte und gute Mitarbeiterin. Sie hatte für einen begrenzten Zeitraum eine Aushilfe zur Seite bekommen, weil eine Zählung zu machen war. Als ich die Zahlen haben wollte, waren sie nicht fertig. Meine Mitarbeiterin hat daraufhin ihre Aushilfe gerügt. Es gab Tränen. Ich habe dann die beiden zu mir gerufen und erst mal den Druck weggenommen. Ich habe beiden gesagt, daß sie beide gute Mitarbeiterinnen sind, daß es aber wichtig ist, bestimmte Regeln zu beachten. Man muß fragen, wenn man eine Aufgabe nicht verstanden hat, auch dann, wenn man erst viel später bemerkt, daß die Sache nicht klar ist. Das ist nicht schlimm, sondern selbstverständlich. Später habe ich meiner Mitarbeiterin noch gesagt, daß sie auch prüfen muß, ob die Aushilfe mit der Arbeit klarkommt."

1. Ich bin Vorbild für die Familie/die Kinder.

....

....

....

....

....

....

2. *Ich trage Verantwortung für die Familie.*

   ....

   ....

   ....

   ....

   ....

   ....

3. Arbeit delegiere ich angemessen und kann sie gut organisieren; ich weiß, welche Aufgaben an wen delegiert werden können.

   ....

   ....

   ....

   ....

   ....

   ....

Ziehen Sie Bilanz

4. Ich lasse die Kinder Arbeiten im Haushalt machen, ohne sie dabei zu überfordern.

....

....

....

....

....

....

5. Ich kontrolliere, ob Aufgaben verstanden wurden.

....

....

....

....

....

....

6. Lob und Anerkennung setze ich als Motivationsinstrumente ein.

....

....

....

....

....

....

7. *Ich kann die Kinder motivieren, Leistungsbereitschaft zu entwickeln und zu fördern.*

....

....

....

....

....

....

Ziehen Sie Bilanz

8. Ich bin Ansprechpartner(in) für die Familie, und schaffe dabei ein positives Klima des Vertrauens und der Leistungsbereitschaft.

....

....

....

....

....

....

9. Ich bringe persönliche Kritik sachlich, konkret und unmittelbar vor.

....

....

....

....

....

....

10. Ich bespreche mit der Familie/den Kindern auch Unangenehmes (schlechte Leistungen, Fehlverhalten).

....

....

....

....

....

....

11. Ich weiß mit Disziplinproblemen umzugehen.

....

....

....

....

....

....

Ziehen Sie Bilanz

12. Ich arbeite mit den Kindern kameradschaftlich zusammen.

....

....

....

....

....

....

13. Gegenüber anderen Familienmitgliedern vertrete ich erfolgreich die Meinung, daß ich für Hausarbeit nicht allein zuständig bin.

....

....

....

....

....

....

Familienkompetenz: persönliche Kompetenz und Selbstbeauftragung

„Wir hatten einen Kindergeburtstag für unseren Peter organisiert. Mit 14 Kindern. Mein Mann hat sich sehr ins Zeug gelegt, daß alles schön wird. Dann hat es an diesem Tag geregnet. Die Kinder konnten nicht draußen spielen, also mußten wir uns schnell etwas einfallen lassen. Und dann bekam unser Jüngster plötzlich Fieber. Mein Mann hat ihn zum Arzt gefahren, während ich die Kinder und das Geburtstagskind weiter unterhalten habe. Ich habe aufgepaßt, wie gerade die Stimmung war. Wenn die Kinder mit sich selbst beschäftigt waren, bin ich still im Hintergrund geblieben. Wenn ich aber das Gefühl hatte, daß die wieder Unterhaltung brauchen, habe ich das nächste Spiel oder eine Überraschung angefangen. Ich wollte unbedingt, daß die Stimmung gut bleibt, auch wenn die Kinder nicht nach draußen gehen konnten."

„Unser Kollege war sehr lange krank. Als er wiederkam, hatte sich viel verändert: Wir hatten zwei Abteilungen zusammengelegt und ein neues EDV-System. Wir alle fanden es sehr schwierig, ihn zu integrieren und ihm zu erklären, was alles neu war. Da habe ich mich mit ihm zusammengesetzt und mit ihm so eine Art Einarbeitungsprogramm ausgearbeitet. Er hat dann die Fragen gesammelt, und ich habe ihm die Leute genannt, die jetzt für diesen Bereich verantwortlich waren. Dabei haben wir uns lange über die Probleme unterhalten, die er jetzt hat und auch darüber, daß es ihm eigentlich peinlich war, daß er soviel fragen mußte. Ich glaube, das Gespräch hat uns beiden gutgetan."

Ziehen Sie Bilanz

1. Kurzfristige Veränderungen verarbeite und akzeptiere ich.

   ....

   ....

   ....

   ....

   ....

   ....

2. Die Arbeitsweise verändere ich entsprechend den Anforderungen.

   ....

   ....

   ....

   ....

   ....

   ....

3. Auf wechselnde Bedingungen stelle ich mich schnell ein.

   ....

   ....

   ....

   ....

   ....

   ....

4. Auf neue Situationen stelle ich mich ein und mit neuen Situationen kann ich umgehen.

   ....

   ....

   ....

   ....

   ....

   ....

Ziehen Sie Bilanz

5. Durch schwierige und neue Aufgaben werde ich herausgefordert.

   ....
   ....
   ....
   ....
   ....
   ....

6. Ich bin bereit, bei berechtigter Kritik das eigene Verhalten zu überdenken und gegebenenfalls zu ändern.

   ....
   ....
   ....
   ....
   ....
   ....

7. Mit Unsicherheiten beziehungsweise Schwächen anderer kann ich umgehen.

....

....

....

....

....

....

8. Bei Bedarf kann ich mich abgrenzen und Distanz halten.

....

....

....

....

....

....

Ziehen Sie Bilanz

9. Ich kann sparen, wenn es die finanzielle Lage erfordert.

....

....

....

....

....

....

10. Meinen Kindern stehe ich in allen Lebenslagen bei.

....

....

....

....

....

....

....

Familienkompetenz: pädagogische Kompetenz

> *„Ich lege Wert auf die Selbständigkeit der Kinder. Der Kleine (zwei Jahre alt) geht alleine ins Bett. Ich sage ihm, daß er nach oben gehen und ins Bett gehen soll; wenn er drinnen ist, komme ich und erzähle die ‚Gute-Nacht-Geschichte' und zum Einschlafen gibt es einen Kuß."*
>
> *„Meine Tochter kauft gerne ein, aber sie muß noch Wertvorstellungen lernen, damit sie entscheiden kann, was sie kaufen möchte. Ich rechne ihr dann den Betrag in Eis um und sage ihr, das kostet so viel Eis. Zum Beispiel wollte das Kind eine Taucherbrille für DM 6,– kaufen. Die Taucherbrille wird in Eis umgerechnet, damit meine Tochter entscheiden kann, ob sie sie haben will. Da sie nur DM 5,– hatte, lieh sie sich von mir DM 1,– mit dem Versprechen, daß sie mir die Mark zu Hause wieder geben will. So ist es auch passiert."*

> „Ich habe unserem Azubi erklärt, wie bei uns eine Rechnung überwiesen wird. Nachdem er die erste bearbeitet hatte, habe ich ihn gefragt, ob er sich auch selber kontrollieren kann. Ich habe ihm dann die Hintergründe, unsere Buchungssysteme, erklärt. Jetzt kann er sich die Rechnung selbständig vornehmen. Falls eine neue Frage auftaucht, kann er mich ansprechen, dann gebe ich ihm erneute Informationen, bis es o.k. geht."

Ziehen Sie Bilanz

1. Ich gebe Wertvorstellungen an die Familie weiter.

....

....

....

....

....

....

2. Ich ermuntere die Kinder, Entscheidungen zu treffen und Konsequenzen zu tragen.

....

....

....

....

....

....

Zurück in den Beruf

3. *Bei den Kindern fördere ich die Fähigkeit, Konflikte zu lösen.*

    ....
    ....
    ....
    ....
    ....
    ....

4. *Ich lege Wert darauf, daß meine Kinder selbständig arbeiten.*

    ....
    ....
    ....
    ....
    ....
    ....

Ziehen Sie Bilanz

5. Ich kann das Selbstvertrauen anderer stärken.

   ....
   ....
   ....
   ....
   ....
   ....

6. *Ich versuche, bei den Kindern sinnvolle Interessen anzuregen.*

   ....
   ....
   ....
   ....
   ....
   ....

Zurück in den Beruf

   7. *Ich bringe den Kindern bei, daß es wichtigere Dinge als Geld gibt.*

      ....

      ....

      ....

      ....

      ....

      ....

   8. *Ich lehre den Kindern den Umgang mit Geld.*

      ....

      ....

      ....

      ....

      ....

      ....

Ziehen Sie Bilanz

9. *Ich beantworte Fragen der Kinder; ich kontrolliere, ob sie die Antworten verstanden haben.*

....

....

....

....

....

Familienkompetenz: Belastbarkeit

„Ich habe telefoniert, da hat der Postbote geklingelt, oben ist jemand hingefallen und hat gebrüllt, und irgendwer hat in der Küche gebrüllt, daß er etwas haben will. Das sind Situationen, die ich nicht gerne mag. In diesem Fall bin ich nach oben gelaufen, weil es dort gebrüllt hat (vielleicht Verletzungen), dann kam der Postbote dran und erst dann bin ich in die Küche gegangen und habe körperliche Bedürfnisse befriedigt."

„Ich habe das Abitur auf dem zweiten Bildungsweg gemacht, 40 Wochenstunden gearbeitet und 25 Wochenstunden auf dem Gymnasium verbracht. Und das mehr als drei Jahre lang. Manchmal, wenn ich eine Erkältung hatte, habe

> ich einen Tag frei genommen. Nur vor dem Abitur habe ich ein halbes Jahr eine berufliche Pause eingelegt. In dieser Zeit bekam ich auch Bafög. Heute bin ich froh, daß diese Zeit vorbei ist. Aber ich weiß, ich würde es wieder können, wenn ich es unbedingt wollte ..."

1. Über längere Zeit zeige ich ein gleichmäßiges Leistungs- und Sozialverhalten.

....

....

....

....

....

....

Ziehen Sie Bilanz

2. Ich arbeite unter Zeitdruck planvoll.

   ....

   ....

   ....

   ....

   ....

   ....

3. Ich kann mit Zeitdruck gut umgehen.

   ....

   ....

   ....

   ....

   ....

   ....

4. Ich lasse mich von unvorhergesehenen Ereignissen nicht aus der Ruhe bringen.

....

....

....

....

....

....

5. Auch in kritischen Situationen bewahre ich die Ruhe, und in Streßsituationen reagiere ich angemessen.

....

....

....

....

....

....

Ziehen Sie Bilanz

Nun haben Sie alle Anforderungsdimensionen der Familienkompetenz bearbeitet. Und vermutlich haben Sie auch bemerkt, daß einige Familienkompetenzen mit den allgemeinen Managementkompetenzen identisch sind.

Bevor Sie weitermachen, sollten Sie sich zu Ihrer Ausdauer gratulieren. Denn es verlangt wirkliche Ausdauer, immer wieder nach Beispielen zu suchen und dabei zu prüfen, ob diese oder jene Kompetenzen vorhanden sind.

Doch nun haben Sie es geschafft und dabei zugleich eine wichtige Erfahrung gemacht. Vielleicht zum ersten Mal haben Sie eine ganze Sammlung von Beispielen vorliegen, in denen Ihre Leistungen und Kompetenzen erkennbar sind. Diese Beispiele können Sie nun jederzeit benutzen, um über Ihre Erfahrungen und Erfolge zu sprechen. Was Sie noch alles damit anfangen können, ist im Kapitel 5 ab Seite 129 dieses Buches beschrieben.

Eine Auswertung der Übungen zu den Anforderungsdimensionen finden Sie auf den Seiten 107ff.

Stärken- und Schwächen-Analyse

Vor Ihnen liegen nun zahlreiche Beispiele, die alle etwas mit Ihren Erfahrungen und Erfolgen zu tun haben. Sie haben sich diese Beispiele hart erarbeitet; jetzt können Sie die Ernte einfahren.

Wichtig:

In den Beispielen, die Sie gefunden haben, sind Ihre Erfahrungen und Erfolge enthalten. Indem Sie die Beispiele ansprechen, benennen Sie auch Ihre Kompetenzen. Das heißt, über die Beispiele haben Sie Zugang zu Ihren eigenen Fähigkeiten, Potentialen, Erfahrungen und Schlüsselqualifikationen.

Wenn Sie wollen, können Sie nun die einzelnen Kompetenzen zu einem Kompetenzenprofil beziehungsweise Bilanz der Kompetenzen zusammenführen. Ihr persönliches Kompetenzenprofil sagt Ihnen, in welchen der zehn Anforderungsdimensionen Ihre Stärken beziehungsweise Ihre „Nicht-Stärken" angesiedelt sind.

Zwischen den „Nicht-Stärken" und den „Schwächen" gibt es einige nennenswerte Unterschiede. Nicht alles, was auf den ersten Blick als „Schwäche" erscheint, ist wirklich eine.

Beispiel:

„Im Verlauf meiner Arbeiten habe ich eine beruflich sehr engagierte Frau nach ihren Familienkompetenzen befragt. Es ging dabei um die Organisation des Haushaltes, um den Bereich der Planung und Kontrolle. Auf die Frage hin, wie sie den Haushalt organisiere, wie sie dabei im einzelnen vorgehe, und so fort, sagte diese Frau: ‚... dieser Haushalt ist eine ‚black box' (eine für Blicke undurchdringliche schwarze Schachtel, die auf ewig ihre Geheimnisse verbirgt)! Es ist sicher, daß da etwas geschieht, aber was das ist, das weiß keiner. Ich plane nichts. Allenfalls plant es sich selbst' ... "

Diese Frau hatte keinerlei Interesse daran, auch nur das Wenigste in ihrem Haushalt zu planen. Sie wollte es nicht! Und damit lehnte sie alle Möglichkeiten ab, planerische Fähigkeiten im haushaltlichen Lernfeld zu erarbeiten. Planung und alles, was damit zusammenhing, war für sie einfach nur uninteressant.

Dieses Vorgehen einer teilzeitbeschäftigten Hausfrau (oder einer erwerbstätigen Gelegentlich-Hausfrau) verdient genau einen Kommentar: Sie hat recht! Wir müssen nicht jede Kompetenz erarbeiten, nur weil sie im Lernfeld „Haushalt und Familie" vorhanden ist und sie sich uns hier anbietet. Was uns nicht interessiert, dürfen wir auf die Seite legen.

Daher sollten wir das Wort „Schwächen" vermeiden. Denn etwas nicht zu können oder nicht zu tun, kann genausogut eine klare Entscheidung sein, sich mit diesem oder jenem nicht beschäftigen zu wollen, weil dafür kein Interesse da ist oder weil wir diese oder jene Kompetenz nicht benötigen.

Achtung:

Auch Sie haben das Recht, eine Entscheidung zu treffen und die Kompetenzen, die in Wirklichkeit keine für Sie sind (weil Sie es nur langweilig finden), auf die Seite zu legen. Es ist viel wichtiger, ihr (wirkliches) Kompetenzenprofil zu erarbeiten. Es liegt daher in Ihrer Entscheidung, ob und wieviele Beispiele Sie für die einzelnen Anforderungsdimensionen finden wollen.

Die Auswertung der Übungen

Der folgende Abschnitt zeigt Ihnen, wie Sie die Beispiele, die Sie gefunden haben, auswerten können. Das ausgewählte Beispiel aus dem Bereich Entscheidungsverhalten zeigt – mit Blick auf ein individuelles Stärkenprofil – wie die einzelnen Anforderungsdimensionen ausgewertet werden. Sie finden das Beispiel zum Entscheidungsverhalten, welches eine andere Frau dankenswerterweise zur Verfügung gestellt hat, auf Seite 61.

Einzelne Anforderungen	Auswertung (Beispiel Seite 61)
Ich bin mir der Verantwortung der eigenen Tätigkeit bewußt.	Wenn jemand so sorgfältig bei einer Entscheidungsfindung vorgeht, kann man das als gegeben annehmen.
Bei Entscheidungen ziehe ich alle verfügbaren Informationen heran.	Ist im Beispiel erfüllt.
Ich suche nach verschiedenen Möglichkeiten und bewerte sie.	Ist im Beispiel erfüllt.
Die kurz-, mittel- und langfristigen Folgen einer Entscheidung für mich und andere bedenke ich; künftige Entwicklungen beziehe ich in meine Überlegungen mit ein.	Ist im Beispiel erfüllt.
Bei einer Entscheidung gehe ich kalkulierbare Risiken ein.	Ist im Beispiel erfüllt.
Ich lege Wert darauf, daß die eigenen Entscheidungen von der Familie akzeptiert werden.	Dazu macht das Beispiel keine Angaben.
Ich lege Wert darauf, daß die Familienmitglieder bei Entscheidungen beteiligt sind und sie mittragen können.	Dazu macht das Beispiel keine Angaben.
Ich versuche nicht, Entscheidungen hinauszuschieben oder auf andere abzuwälzen.	Dazu macht das Beispiel keine Angaben.

Ziehen Sie Bilanz

Bei der Bewertung des obengenannten Beispiels gibt es drei verschiedene Möglichkeiten:

- Das Beispiel macht dazu keine Angaben. (Da Sie kein anderes Beispiel finden wollten oder konnten, bleibt das Feld leer. Die entsprechende Kompetenz ist nicht vorhanden.)

- Aus dem Beispiel wird nicht genau erkennbar, ob die Kompetenz vorhanden ist. (In diesen Fällen können Sie sich überlegen, ob die Anforderung wahrscheinlich erfüllt ist und das Beispiel auf die entsprechende Kompetenz schließen läßt [das ist bei der Anforderung: „Ich bin mir der Verantwortung der eigenen Tätigkeit bewußt." so geschehen]. Wenn jemand – wie in diesem Beispiel – so sorgfältig vorgeht, kann man darauf schließen, daß sie oder er sich ihrer oder seiner Verantwortung der eigenen Tätigkeit bewußt ist.)

- Im Beispiel wird deutlich erkennbar, daß die entsprechenden Anforderungen erfüllt sind und die Kompetenzen demzufolge vorliegen. (Zum Beispiel: „Bei Entscheidungen ziehe ich alle verfügbaren Informationen heran.")

Nun zählen Sie alle Anforderungen, die Sie als erfüllt bewertet haben, zusammen:

Fünf Anforderungen sind erfüllt.

Nehmen Sie an, daß Sie noch ein anderes Beispiel haben; es betrifft die Urlaubsvorbereitungen. In diesem wird deutlich, daß die Frau (oder der Mann) alle Informationen (vorhandene Geldmittel, Sehenswürdigkeiten, Reisemöglichkeiten usw.) mit den Familienmitgliedern teilt und so der ganzen Familie die Möglichkeit gibt, die anstehende Entscheidung mit zu diskutieren und mit zu tragen. Dann sind zwei weitere Anforderungen erfüllt, die in dem ersten Beispiel zum Hauskauf nicht erfüllt waren (Sie werden zustimmen, daß es nicht möglich ist, zum Beispiel kleine Kinder mit der

Entscheidung eines Hauskaufes zu belasten!). – Deshalb wird die Anzahl der erfüllten Anforderungen erhöht.

Zwei weitere Anforderungen sind erfüllt.

Das Ergebnis – sieben erfüllte Anforderungen – teilen Sie durch die Anzahl der Anforderungen, die die Anforderungsdimension „Entscheidungsverhalten" zählt (das sind zehn), und multiplizieren das Ergebnis mit 100:

$$\frac{7}{10} = 0{,}7 \times 100 = 70\ \%$$

Ent- schei- dungs- verhal- ten	10%	20%	30%	40%	50%	60%	70%	80%	90%	100%

In beiden Beispielen (Hauskauf und Urlaubsvorbereitungen) sind 70 % der Anforderungen „Entscheidungsverhalten" erfüllt.

Nun können Sie sich der Auswertung Ihres eigenen Kompetenzenprofils zuwenden. Beginnen Sie mit der Anforderungsdimension „unternehmensbezogenes (hier: familienbezogenes) Denken und Handeln" und zählen Sie die Anzahl der einzelnen Anforderungen (zum Beispiel: „Ich tue alles für ein harmonisches Familienleben." oder „In der täglichen Arbeit verliere ich das Wohl der Familie nicht aus den Augen.") zusammen, zu denen Ihr Beispiel paßt. Auf diese Weise verfahren Sie mit allen Übungen.

Die Anforderungsdimension „unternehmensbezogenes (hier: familienbezogenes) Denken und Handeln" beinhaltet insgesamt zwölf Anforderungsmerkmale. Wenn Sie Beispiele gefunden haben, in denen sich sechs Kompetenzen wieder finden, dann erfüllen Sie 50 % der Anforderungen in dieser Anforderungsdimension. In dieser Weise können Sie jede Anforderungsdimension bearbeiten. Das Ergebnis können Sie in die nachstehende Tabelle eintragen.

Ziehen Sie Bilanz

Kompetenzen	10 %	20 %	30 %	40 %	50 %	60 %	70 %	80 %	90 %	100 %
Unternehmensbezogenes (hier: familienbezogenes) Denken und Handeln										
Planung, Koordination, Kontrolle										
Komplexes Problemlösungsverhalten										
Entscheidungsverhalten										
Kommunikationsaspekte (gemeinsam mit Kontaktfähigkeit)										
Integration/Konfliktverhalten										
Delegation und Führung										
Persönliche Kompetenz und Selbstbeauftragung										
Pädagogische Kompetenz										
Belastbarkeit										

Zurück in den Beruf

Erläuterungen:

In der Tabelle sehen Sie die Bilanz Ihrer Kompetenzen. Sie können dieser Tabelle auch entnehmen, wo derzeit Ihre Stärken (und Ihre „Nicht-Stärken") angesiedelt sind.

Es gibt nun einige Möglichkeiten, was Sie mit diesem Ergebnis anfangen können:

- Sie sind zufrieden und lassen alles so, wie es ist. Sie tun zunächst nichts, weil das in Ihrer Situation das beste ist. Sie sind zu beglückwünschen.

- Sie sind zufrieden und lassen alles so, wie es ist. Aber Sie sehen bereits den Tag auf sich zukommen, an dem Sie über Ihre Kompetenzen und Potentiale reden wollen; zum Beispiel bei einem Vorstellungsgespräch oder im Zusammenhang mit Ihren Bemühungen um eine höherwertige Position.

- Sie haben den Eindruck, daß es höchste Zeit ist, Ihr Leben zu verändern. Sie suchen aktiv nach Möglichkeiten und Chancen, die neu entdeckten Kompetenzen und Potentiale, über die Sie sich eben erst klar geworden sind, zu erproben.

- Sie haben den Eindruck, daß Ihnen noch die eine oder andere Kompetenz fehlt beziehungsweise eine Ihnen wichtige Kompetenz nicht so ausgeprägt ist, wie Sie es gerne hätten. Sie suchen nach Möglichkeiten, Ihr Kompetenzenprofil zu ergänzen beziehungsweise zu verändern.

Neue Kompetenzen gewinnen 4

Prüfen Sie: liegt ein Kompetenzendefizit vor? 114

Ändern Sie: Gewohnheiten, Routine, Denkweise 115

Checkliste: Kompetenzen gewinnen 126

Prüfen Sie: liegt ein Kompetenzendefizit vor?

Es gehört zum menschlichen Leben dazu, mehr und Höheres anzustreben und nach Vollkommenheit zu suchen. Vielleicht bedeutet es für Sie einen Schritt in diese Richtung, wenn Sie sich neue Kompetenzen erarbeiten. Das Aneignen neuer Kompetenzen kann in der Tat eine sehr befriedigende Erfahrung sein. Doch bevor Sie sich auf die Suche nach neuen, spannenden Lernchancen begeben, sollten Sie sich Zeit nehmen und bei einer wichtigen Frage verweilen:

- Warum wollen Sie diese Kompetenzen erarbeiten? Weil Sie glauben, sie fehlen Ihnen, oder weil Sie einfach Lust haben, etwas Neues zu erproben?

Bitte überlegen Sie noch einmal für sich selbst, ob der einen oder anderen Lücke, die Sie in Ihrem Kompetenzenprofil auszumachen glauben, ein wirkliches Defizit zugrunde liegt oder ob Sie lediglich – vielleicht ohne daß es Ihnen bewußt ist – das Ergebnis einer früheren Entscheidung vorgefunden haben. Vielleicht haben Sie früher einmal diesen Bereich als uninteressant und für Ihr eigenes Leben als unwichtig eingestuft. Bitte überlegen Sie, welche Bedeutung diese Kompetenz wirklich für Sie hat; wir müssen nicht jede Kompetenz, die es im Lernfeld „Haushalt und Beruf" gibt, entwickeln.

Beispiel:

Eine beruflich sehr engagierte Sekretärin eines Geschäftsführers hatte sich zum Ziel gesetzt, mit mehr Selbstkontrolle durch das Leben zu gehen. „Alle Menschen – und natürlich auch mein Chef – sehen mir sofort an, wie es um mich steht. Ich kann mein Gesicht nicht verstellen. Wenn es mir schlecht geht, sieht man das, und wenn es mir gut geht, auch. Die Leute können mir auf den Kopf zusagen, wie es mir geht." Dabei war sie den Mitarbeiterinnen und Mitarbeitern oder gar den Kundinnen und Kunden gegenüber niemals unhöflich oder gar grantig. Man hat ihr lediglich ihre „Befindlichkeit" angesehen. Es brauchte eine Weile, bis die Sekretärin erkannte, daß das „selbstkontrollierte" Gesicht nicht mehr „ihr" Gesicht wäre. Sie hat herausgefunden, daß der vermeintliche Nachteil „alle Leute sehen mir an ..." gar keiner war, sondern etwas offenes, sympathisches, das sie liebenswert machte. Heute hat sie nicht mehr das Bedürfnis, diese (falsch verstandene) Selbstkontrolle zu erarbeiten.

Sie haben das Beispiel gelesen und festgestellt, daß die Dinge bei Ihnen anders liegen. Sie haben sich entschlossen, neue Kompetenzen zu entwickeln! Damit haben Sie ein Ziel ins Auge gefaßt, welches viel von Ihnen verlangt.

Ändern Sie: Gewohnheiten, Routine, Denkweise

Wenn Sie neue Kompetenzen erwerben wollen, müssen Sie teilweise Ihr Leben verändern. Das bedeutet, nun genau diejenigen Gewohnheiten zu verlernen, die Sie bislang daran gehindert haben, eben diese Kompetenzen, um die es jetzt geht, zu entwickeln.

Beispiel:

Stellen Sie sich vor, Sie fahren mit einem schweren, mit Steinen beladenen Wagen über einen Feldweg. Der Boden ist aufgeweicht, die schmalen Holzräder Ihres Wagens drücken tiefe Spurrillen hinein. Nachdem Sie den Wagen eine Weile hin und her gefahren haben, ist der Weg, den Sie genommen haben, deutlich zu sehen. Die Spurrillen sind tief ausgefahren, teilweise brauchen Sie das Steuer des Wagens gar nicht mehr zu bedienen; der Wagen fährt von alleine in die Richtung, die die Spurrillen vorgeben.

Die Macht der Gewohnheit

Dieses Bild können Sie auf Ihre Gewohnheiten übertragen. Sie sind es gewohnt, bestimmte Dinge zu tun oder nicht zu tun. Ein Mensch, der noch nie in seinem Leben eine Kartoffel gesehen oder gar gegessen hat, wird sich diesem gemüseähnlichen Nahrungsmittel nur mit größtem Vorbehalt nähern. Sie haben Routinen entwickelt, die helfen, schneller eine Entscheidung, eine Routineentscheidung, zu treffen.

Dieses Vorgehen entspricht dem Konstruktionsprinzip „Mensch". Es ist bequem, Routinen zu entwickeln und sie bei jeder Gelegenheit wieder zu benutzen. Das erleichtert den Arbeitsalltag, und wir sind schneller handlungsfähig.

Das gleiche gilt für das Denken. Wir neigen dazu, da es dem Konstruktionsprinzip „Gehirn" entspricht, überflüssige Komplexitäten aus unserem Denken herauszufiltern. Je einfacher die Dinge sind, um so lieber mögen Sie sie. Der beste Beweis dafür sind die Stereotypien. Irgendwann haben wir gelernt (oder glauben wir, gelernt zu haben), daß Frauen empfindsamer seien als Männer. Wenn wir dieses Stereotyp im Kopf verankert haben, sind die Spurrillen festgelegt. Wann immer ein weibliches Wesen etwas tut, das wir „auf die schnelle" nicht genau einschätzen können, ziehen wir als Denkhilfe unser Stereotyp hervor: Frauen sind nun einmal emotionaler und empfindsamer.

Achtung:

Manchmal sind die Spurrillen so tief eingegraben, daß es Ihnen nicht mehr auffällt, wie sehr Sie im selben Denkschema verweilen.

> **Praxis-Tip**
>
> Wenn Sie mit Ihrem Wagen eine neue Spur ziehen, das heißt neue Gewohnheiten erarbeiten wollen, sollten Sie „aufmerksam wie ein Luchs" sein. Sie werden schnell bemerken, daß Ihr Wagen immer wieder in die alte, ausgefahrene, aber auch vertraute Spur zurückrutschen will.

Die Freude an der Veränderung

> Der Mensch ist ein Gewohnheitstier.
> (Volksweisheit)

Um alte Gewohnheiten loszuwerden, müssen Sie „versetzt zur alten Spurrille" fahren; und wenn Sie nicht aufpassen, rutscht Ihr Fahrzeug spätestens an der nächsten Kurve wieder in die alten Bahnen zurück. Das heißt, Sie müssen sich einiges einfallen lassen, damit das Neue, das Sie anstreben, nicht versehentlich durch alte Muster gefährdet wird.

Stellen Sie sich ein persönliches Trainingsprogramm zusammen

Das Buch zum Thema

Viele Frauen, die über Veränderungen nachgedacht haben, fanden sich zuerst mit einem Buch auf dem Sofa wieder. Sie wollten wissen, was andere Frauen dazu gesagt haben, um sich dann selbst ihre Gedanken zu machen.

Wenn der Griff zu einem Buch auch für Sie ein akzeptabler erster Schritt ist, sind Sie gut beraten, wenn Sie einen Frauenbuchladen aufsuchen. Nicht nur, daß dort die wichtigsten und interessantesten Bücher für Frauen bereit stehen und Sie darin blättern können; in der Regel wissen die Frauen dort auch sehr gut über die einzelnen Werke Bescheid und können Sie beraten. Manchmal wissen sie von anderen Kundinnen, die vor Ihnen das Buch gelesen haben, wie diese es eingeschätzt haben und ob es wirklich gut ist. Diese Informationen können Ihnen helfen, das für Sie richtige Buch herauszufinden.

Das Trainingsfeld

Möglicherweise haben Sie sich bislang in Trainingsfeldern bewegt, in denen Sie die Erfahrung, die Ihnen noch wichtig ist, nicht erarbeiten konnten. Wenn dem so ist, liegt die Lösung des Problems unmittelbar vor Ihnen.

Beispiel:

Vor einiger Zeit hat ein Frauenverband zum Tee eingeladen; die Damen dieses Verbandes wollten sich vorstellen, ihre Verbandsziele erörtern und auf diesem Wege versuchen, neue Mitglieder zu gewinnen. Die Präsidentin dieses Verbandes hielt eine sehr schöne Rede, in der sie die Gäste willkommen hieß, dabei berichtete sie vom Verband und seinen Zielen und auch von sich selbst. Dabei erwähnte sie, daß sie viele Jahre ausschließlich als Hausfrau gearbeitet hatte und ganz in der Betreuung der Kinder und der Versorgung des großen Haushaltes aufgegangen sei. Irgendwann war ihr aufgefallen, daß sie in dieser Zeit an Selbstbewußtsein verloren hatte: Sie hatte mit einer Freundin einen Vortrag besucht und war mit dem Redner nicht einer Meinung. Ihrer Freundin konnte sie unter vier Augen ihre Meinung sagen, aber sie fühlte sich nicht stark genug, diese auch öffentlich zu vertreten. Allein der Gedanke, daß sie aufstehen und öffentlich sprechen sollte, schnürte ihr die Kehle zu.

Während sie das sagte, lächelte sie den Gästen zu. Möglicherweise haben sich einige dabei überlegt, ob diese Frau, die jetzt Präsidentin ist, früher wirklich Redeprobleme gehabt hatte. Heute jedenfalls kann sie eine Rede halten, und die Teilnehmerinnen haben ihr gerne zugehört.

Mögliche Strategien

Interessant ist die Strategie, von der die Präsidentin des Frauenverbandes berichtete. Sie hatte sich zunächst überlegt, was mit ihr in den letzten Jahren passiert war und dann eine Entscheidung getroffen. Sie wurde Mitglied dieses Verbandes und hat gleich zu Beginn ihrer Mitgliedschaft kleinere Aufgaben übernommen, zum Beispiel einen Blumenstrauß für den Gastredner besorgt und diesen dann mit einigen Dankesworten überreicht. „Das ist oft mit einem roten Kopf geschehen, und manches Mal hat mir auch die Stimme gezittert. Die drei Sätze habe ich fast immer auswendig gelernt, damit ich ja keinen Fehler mache." – Heute, einige Jahre später, kann sie mit sich zufrieden sein.

Sehen Sie sich genauer an, wie die erfolgreiche Strategie dieser Frau ausgesehen hat; sie hat mit kleinen Schritten angefangen zu üben:

- mit zwei Sätzen einen Blumenstrauß überreichen
- eine kurze Begrüßungsrede halten
- über eine Tagung, die sie besucht hatte, berichten
- einen ganzen Vortrag ausarbeiten und ihn den eigenen Clubmitgliedern vortragen

Fazit:

Heute ist sie Präsidentin und kann eine Rede halten: „... zwar klopft immer noch mein Herz, aber das betrachte ich mittlerweile als selbstverständlich."

Wichtig:

Dahinter steht ein sehr bewährtes System: Je kleiner der Schritt ist, mit dem Sie die Veränderung anfangen, desto sicherer der Erfolg. Je deutlicher sich der zweite Schritt vom ersten unterscheidet, desto sicherer die Veränderung.

Machen Sie es wie die Präsidentin in unserem Beispiel: kleine Schritte, aber mit gezielten Veränderungen.

Zwei der Damen, die der Einladung gefolgt waren, sind Mitglieder geworden. Eine Präsidentin, die auf diese Weise aus ihrem eigenen Leben berichten konnte, hat etwas sehr Überzeugendes.

Praxis-Tip

Was auch immer Sie ändern oder neu lernen wollen: Suchen Sie sich ein Lernfeld dafür aus und beginnen Sie mit kleinen Schritten. Das ist die beste Voraussetzung dafür, daß Sie ihr Ziel erreichen werden. Es ist nicht wirklich wichtig, in welchem Frauenverband oder Verein Sie mitarbeiten oder in welcher politischen Partei Sie Mitglied werden wollen. Wichtig ist in erster Linie, daß Sie dort all die Dinge ausprobieren können, für die Sie bislang noch keine Gelegenheit gehabt haben.

Neuland betreten

Nehmen Sie das Beispiel einer politischen Partei. Auch hier ist nicht wirklich wichtig, bei welcher Partei Sie Mitglied werden. Auf der Ortsebene, wo Ihre Mitgliedschaft ins Gewicht fallen wird, sind alle Parteien mehr oder weniger „frauenfreundlich". Sie treffen dort auf Männer, die in der Regel für sich selbst einen Vorteil darin sehen, wenn viele Frauen Mitglieder sind. Frauen sind freundlich und helfen, zum Beispiel, wenn die Ortsgruppe ein Fest ausrichten will und jemand benötigt wird, der Kuchen für die Gäste backen kann.

Beispiel:

Als ein Fest anstand, hat der Vorsitzende sich an die weiblichen Mitglieder der Partei gewandt und gefragt, wer welchen Kuchen mitbringen wollte. Es war für ihn so selbstverständlich, daß Frauen einen Kuchen backen und damit die Veranstaltung unterstützen würden, daß er gar nicht auf den Gedanken kam zu fragen, ob vielleicht eine der Frauen andere Vorstellungen hatte. Die Frauen haben sich dieser mit größter Selbstverständlichkeit vorgetragenen Bitte nicht entziehen können, sondern sofort gemeinsam überlegt, wer welchen Kuchen backen würde. Lediglich ein neues weibliches Mitglied schien sich diesem Ritual zu entziehen; dieses wurde vom Vorgesetzten direkt gefragt und ermuntert, auch einen Kuchen mitzubringen. (Das ist ein Beispiel für den gefährlichen Anpassungsdruck, dem wir mal mehr oder mal weniger ausgesetzt sind.) Daraufhin sagte die Frau: „Ich backe keinen Kuchen. Sollte einer fehlen, kann ich gerne einen kaufen." Weiter ist sie mit ihrer Rede nicht gekommen. Der Vorsitzende hat die Gefahr erkannt und sofort wieder das Wort an sich gerissen.

Würde jede Frau so handeln, wäre das Beschaffen von Kuchen keine Frauenangelegenheit mehr, sondern könnte von jedem männlichen Mitglied genauso wahrgenommen werden. Dann hätten die weiblichen Mitglieder dieser Partei ihrerseits Zeit, den parteipolitischen und politischen Hintergrund der Veranstaltung für die eigene Karriere zu nutzen. Es macht einen Unterschied, ob man drei Stunden beim Kuchenbacken oder beim Knüpfen politischer Kontakte verbringt.

Sie wissen also, was zu tun ist. Wenn Sie ehrenamtlich tätig werden, dann nur dort, wo Sie etwas Neues ausprobieren können. Betreten Sie Neuland!

Nur zweckmäßige Gedanken zulassen

Es ist eine besondere Herausforderung, etwas Neues zu wagen, etwas zu tun, für das noch keine Vorerfahrungen vorliegen.

Wenn Sie vorhaben, etwas Neues zu wagen oder für sich selbst neue Lernchancen zu eröffnen, werden Ihnen sehr viele Menschen begegnen, die Sie genau daran zu hindern versuchen. Vor allem solche Menschen, die mit ihrer eigenen Situation eher unzufrieden sind, aber keine Möglichkeiten sehen (wollen), daran etwas zu verändern, werden versuchen, Sie von Veränderungen abzuhalten. Von diesen werden Sie nur Warnungen hören, „was alles schief gehen kann, und daß das, was Sie sich vorgenommen haben, ohnehin nicht funktionieren wird ...". Neben diesen Stimmen von außen, die Ihr neues Vorhaben kritisch bewerten, gibt es auch Stimmen von innen, die Sie vor den neuen Schritten zu warnen versuchen.

Falls beim ersten Versuch Ihr Vorhaben nicht wie gewünscht gelungen ist, klingen diese größte Bedenken verkündenden Stimmen in Ihrem Kopfe um so lauter: „... es hat doch ohnehin nicht klappen können ..."; „... ich bin auf diesem Gebiet nun einmal unbegabt ..."; „... ich hätte gleich wissen können, daß ...". Wenn sich solche Sätze in Ihrem Kopfe drehen, sitzen Sie in einem Teufelskreis, auf einer Rutschbahn, die in der Mutlosigkeit (oder gar Depression) enden wird. Es ist also allerhöchste Zeit, von diesem „Teufelskreis" in den „Engelskreis" zu wechseln.

> Der Teufelskreis sagt Ihnen nur, was Sie nicht können; der Engelskreis hingegen, was Sie können.

Erinnern Sie sich an einen Menschen, der Ihnen, als Sie noch ein Kind waren, tröstende Worte gesprochen hatte. Vielleicht waren es die Oma oder der Opa, es können auch die eigenen Eltern gewesen sein, vielleicht eine Tante oder ein Onkel. Manches Mal begegnet man solchen Menschen in der Schule, vielleicht war es ein besonders verständiger Lehrer, der ermunternde und tröstende Worte zu Ihnen gesprochen hat. Wenn Sie sich genau erinnern, dann fallen Ihnen diese Wort auch wieder ein, zum Beispiel:

- „... nur keine Angst, es wird schon klappen ..."
- „... na, komm Prinzeßchen, versuche es nochmal, Du wirst es schaffen ..."
- „... ich weiß, Du kannst es, wenn Du nur willst ..."

Es sind Worte von Menschen, die Ihnen vertraut haben, die sicher waren, daß Sie das Hindernis überwinden würden. Diese Sicherheit hat Sie persönlich gestärkt, und Sie konnten damals eine schwierige Aufgabe voller Selbstvertrauen angehen.

Übung:

Diese Menschen sind heute vielleicht nicht mehr in Ihrer Nähe. Aber Sie sind noch in Ihrem Kopf, und wenn Sie wollen, können Sie sogar ihre Stimme wieder hören. Erinnern Sie sich an den weichen Ackerboden mit den Spurrillen. Das Vertrauen und die Unterstützung, die Ihnen diese Menschen schenkten, haben damals eine Spur in Ihrem Gedächtnis hinterlassen. Schließen Sie die Augen und rufen Sie sich den Tonfall, die Worte von damals in Erinnerung. Und wenn Sie die Worte wieder klar und deutlich in ihrem Kopf haben, verweilen Sie ein Weilchen dort und hören Sie der Stimme weiter zu. Das ist so, als ob Sie die alte Spurrille von damals wieder benutzen. Sie werden bemerken, daß sie wieder wirkt! Es liegt nun an Ihnen, diese Spur wieder zu pflegen und zu benutzen.

Zurück in den Beruf

Bitte schreiben Sie wenigstens eine Ermunterung, die Ihnen früher zuteil wurde, hin. Bewahren Sie sie in Ihrem Kopf, damit Sie sie immer wieder abrufen können.

....

....

....

....

Zwei unterschiedliche Methoden, mit Schwierigkeiten oder Problemen umzugehen

- Sie glauben daran, daß Menschen wachsen und ihre Kompetenzen und Potentiale sich entfalten können. Wenn jetzt etwas noch nicht gelingt, bedeutet dies lediglich, daß es noch gelingen wird.

Beispiel:

Ein kleines Kind kann seine Schnürsenkel noch nicht selbst zusammenknoten, aber die Mutter kann seine Versuche unterstützen, sie kann es ermuntern, es auszuprobieren: „Versuch's doch mal, ich glaube, Du kannst es schon ..., wenn es aber noch nicht klappt, ist das gar nicht schlimm. Dann warten wir ein paar Tage, dann kannst Du es später noch einmal ausprobieren. Ich bin sicher, daß es dann klappen wird."

Diese Rede ermuntert das Kind auszuprobieren, was es schon alles kann, und sie beschützt es zugleich, Angst davor zu entwickeln, falls es sein Ziel nicht erreicht.

Neue Kompetenzen gewinnen

> **Praxis-Tip**
>
> Es gibt kein Versagen, sondern nur ein Aufschieben. Was jetzt noch nicht möglich ist, wird später möglich sein.

- Sie gehen davon aus, daß negative Erfahrungen nicht notwendig sind und es besser ist, sie zu vermeiden. Das Kind kann seine Schnürsenkel noch nicht schließen, weil es dafür zu klein ist. Also ist es ganz und gar unnötig, diesen Versuch jetzt zu starten. Diese geistige Haltung hat zur Folge, daß das Kind vor einer (vermeintlichen) negativen Erfahrung bewahrt bleibt. Es hat aber auch keine Möglichkeit, ein Erfolgserlebnis zu erfahren. In der Konsequenz ist es für alle Unternehmungen noch zu klein, es ist nie erwachsen und nie groß genug, unbekannte Dinge auszuprobieren.

Es liegt auf der Hand, welche der beiden Methoden die bessere ist. Wenn Sie die Möglichkeit haben, gehen Sie gemäß der ersten Methode mit Ihrem Kind um – und mit sich selbst ebenso.

> Es ist nicht wichtig, wie oft wir hinfallen,
> wichtig ist allein, daß wir wieder aufstehen.
>
> (Volksweisheit)

Checkliste: Kompetenzen gewinnen

Damit Sie Ihre Kompetenzen und Potentiale entwickeln können, müssen folgende Voraussetzungen erfüllt sein.

1. Sie brauchen die passende Lernchance, das ist ein Aufgabengebiet oder Lernfeld, in dem Sie sich bewähren können.
2. Sie kontrollieren Ihre eigenen Gedanken (oder die Einstellungen) und bevorzugen dabei unbedingt den Engelskreis:

   - Erinnern Sie sich daran, daß Sie das, was Sie früher einmal gekonnt haben, wieder können werden. Erfahrungen und Leistungen gehen nicht verloren, sie können nur vorübergehend in Vergessenheit geraten. Daher ist es für Sie wichtig, daß Sie sich an frühere Leistungen und frühere Erfolgserlebnisse erinnern.

   - Legen Sie sich mit Hilfe der Beispiele, die Sie erarbeitet haben, eine Liste Ihrer Lieblingserfolgserlebnisse zu. Sammeln Sie Ihre Lieblingserfolgserlebnisse in einem kleinen Büchlein, das Sie immer zur Hand haben, wenn Sie die Befürchtung haben, vom Engelskreis herunterzurutschen.

   - Rufen Sie sich eine positive Stimme in Erinnerung. Suchen Sie in Ihrer Erinnerung die Menschen auf, die Ihnen irgendwann in Ihrem früheren Leben tröstende und ermunternde Worte gesprochen hatten.

   - Lernen Sie die Zaubersätze auswendig, die Sie bereits formuliert haben.

3. Suchen Sie sich eine Aufgabe mit einem mittleren Schwierigkeitsgrad. Wenn Sie sich gleich zu Anfang überfordern, sind Sie ineffektiv und unökonomisch vorgegangen.

Neue Kompetenzen gewinnen

- Wenn Sie die Chance zu scheitern künstlich erhöhen, entwickeln Sie keine Kompetenzen. Sie entwickeln lediglich die Fähigkeit, nach einer Niederlage leichter wieder aufstehen zu können. Das künstlich erhöhte Schwierigkeitsniveau trainiert Ihnen ein hartes Fell an und stabile Wiederaufstehtechniken. Aber vielleicht sind diese beiden Fähigkeiten nicht gerade das, was Sie wirklich trainieren wollten.

- Ökonomisch und effizient gehen Sie bei Ihrem Lernprogramm vor, wenn Sie mittlere Schwierigkeitsniveaus aufsuchen, bei denen die Chance eines Erfolges genauso groß ist wie die Chance eines Mißerfolges. Nur unter diesen Voraussetzungen haben Sie die Möglichkeit, Ihr Erfahrungswissen zielbezogen zu erweitern.

Nun haben Sie alle Vorbereitungen getroffen, Ihre Kompetenzen zu erweitern oder neue hinzuzugewinnen. Was jetzt noch fehlt, ist die Zielsetzung.

- Was wollen Sie erreichen?
- Welche Kompetenzen wollen Sie entwickeln?
- Wie gehen Sie dabei vor?

Was wir in uns nähren, das wächst; das ist ein ewiges Naturgesetz.

Goethe

Trainingsprogramm: Kompetenzen entwickeln

5

Zurück in den Beruf

Möglicherweise ziehen jetzt zahlreiche Kompetenzen vor Ihrem geistigen Auge vorüber, die Sie alle gerne entwickeln möchten. Bei der Entscheidung, welche Kompetenzen Sie zuerst angehen werden, sollten Sie sehr opportunistisch vorgehen. Nehmen Sie die, die für Sie am einfachsten zu erarbeiten ist. Denken Sie an die Präsidentin des Frauenverbandes. Erfolg beginnt mit der kleinsten Schwierigkeitsstufe, dann hat er beste Chancen zu wachsen und zu gedeihen.

Übung

Wenn Sie sich eine Kompetenz aus den zehn Anforderungsdimensionen herausgesucht haben, ist das Ziel für Sie schon formuliert, zum Beispiel: „Ich bin bemüht, bei Ratschlägen neutral und fair zu sein."

1. Überlegen Sie sich genau, was Neutralität und Fairneß bedeuten, wie so etwas zum Beispiel in einem Gespräch aussieht.

   ....

   ....

   ....

   ....

   ....

   ....

Trainingsprogramm

   2. Überlegen Sie sich, wo dieses Gespräch stattfinden könnte.

     Im Verein:

     ....

     Im Frauenverband:

     ....

     Im Karnevalsclub:

     ....

     In der Mütterstube:

     ....

     In der Kantine Ihres Arbeitgebers (falls Sie derzeit erwerbstätig sind):

     ....

     Mit Ihren Freundinnen (wenn Sie demnächst einen gemeinsamen Nachmittag unternehmen wollen):

     ....

     Oder wo auch immer Sie Kontakte haben:

     ....

   3. Bereiten Sie in Gedanken das Gespräch vor und vergegenwärtigen Sie sich dabei, welche Rolle Sie einnehmen wol-

len, zum Beispiel: „Ich will bei Ratschlägen neutral und fair sein." oder „Ich will ..."

....

....

....

....

4. Nachdem Sie das Gespräch geführt haben, versuchen Sie bitte aus dem Gedächtnis, Ihre Reaktionen, Ihre Reden und Argumente niederzuschreiben. Schreiben Sie in der „Ich-Form": „... ich habe das und jenes gesagt", „... und nachdem die Kollegin dieses Argument gebracht hatte, habe ich ...".

....

....

....

....

....

....

Praxis-Tip

- Mit dieser Methode legen Sie Ihre Reaktionen und Verhaltensweisen quasi unter ein Mikroskop, um sie genauer zu betrachten. Alles, was Sie das nächste Mal verändern werden oder besser machen wollen, können Sie jetzt sehen. Und Sie sehen auch, was Sie gut gemacht haben. Bitte suchen Sie also nicht nur das, was veränderungswert ist, sondern akzeptieren Sie auch dasjenige, das Sie gut gemacht haben.
- Bei der nächsten Herausforderung, die auf Sie zukommt, kann es vielleicht wichtig sein, daß Sie sich an eine vergleichbare Situation erinnern können: „Ich habe so etwas Ähnliches schon einmal erlebt, und damals habe ich das so oder so gemacht. Also habe ich mir gedacht, ich versuche es noch einmal ..."

5. Je besser und objektiver Sie sich die Abläufe und Ereignisse aus dieser ersten Situation, die Sie gezielt zum Zweck der Veränderung aufgesucht haben, vor Augen führen, um so cleverer haben Sie ein wichtiges Ziel verwirklicht: Sie haben Ihr eigenes Leben zum Trainer gemacht. – Beschreiben Sie kurz, wie Sie in der damaligen Situation reagiert haben.

....

....

....

....

6. Es kann immer wieder geschehen, daß Sie mit dem Ergebnis oder der Rolle, die Sie in der Ihnen wichtigen Situation eingenommen haben, nicht ganz zufrieden sind. Das ist nicht ungewöhnlich. Immer, wenn wir Dinge tun, die zum Neuland gehören, kann uns das widerfahren. Bitte erinnern Sie sich dann an Ihr altes Versprechen: Es gehört zum Lernen und Üben dazu, ab und zu den Parcour wiederholen zu müssen: „Es ist nicht wichtig, wie oft wir hinfallen; wichtig ist allein, daß wir wieder aufstehen!"

Wenn Sie Empfehlung Nr. 4 sorgfältig ausgeführt haben, bemerken Sie, welches Detail Sie verändern können. Bitte versuchen Sie erneut, in einer ähnlichen Situation Ihr Ziel zu erreichen. Zur Hilfestellung können Sie jetzt kurz notieren, was Sie verändern möchten.

....

....

....

....

7. Wenn Sie sich auf die Reise ins „Neuland" aufgemacht haben, um neue Kompetenzen zu erwerben, sollten Sie Ihr Gepäck überprüfen. Bitte schleppen Sie sich nicht mit falschem Ehrgeiz ab. Vielleicht wollen Ihre persönlichen Schutzengel verhindern, daß Sie gerade jetzt damit anfangen, diese Kompetenz zu trainieren. Vielleicht würden Ihnen Ihre Schutzengel vorschlagen, lieber mit einer anderen anzufangen. Überlegen Sie sich das bitte in aller Ruhe.

Trainingsprogramm

....

....

....

8. Ein altes Sprichwort sagt: „Geteiltes Leid ist halbes Leid.", aber geteilte Freude sei doppelte Freude. Vielleicht haben Sie eine gute Freundin, die mit Ihnen Neues lernen und ausprobieren will. Reden Sie mit Ihr darüber. Sagen Sie Ihr, was Sie vorhaben. Vielleicht macht sie mit. – Schreiben Sie das, was Sie wagen wollen, stichpunktartig auf.

....

....

....

....

....

Praxis-Tip

Falls Sie erwerbstätig sind, können Sie Ihre Entwicklungsziele auch mit Ihrer oder Ihrem Vorgesetzten besprechen. Personalentwicklungsgespräche sind dafür der am besten geeignete Rahmen (siehe hierzu auch Kapitel 7 ab Seite 162).

9. Falls Sie eine Kompetenz erwerben wollen (oder müssen), die sich in den zehn Anforderungsdimensionen nicht findet, können Sie das nachfolgende offene Feld nutzen. Bitte schreiben Sie das Beispiel oder die Situation auf, die Sie interessiert und für die Sie geeignete Strategien suchen. In die ebenfalls leeren Zeilen schreiben Sie Vorschläge, was Ihrer Meinung nach ein Mensch tun muß, um die oben im Kasten stehende Situation adäquat handhaben zu können.

Das Beispiel: Die Situation, die Ihnen wichtig ist.

....

....

....

....

....

....

....

....

....

Trainingsprogramm

Handlungen, die helfen, die Situation zu handhaben:

....

....

....

....

....

Checkliste: richtig trainieren

Am Ende dieses Kapitels sollten Sie anhalten und nochmals Ihre einzelnen Aktionen Revue passieren lassen. Die folgenden Fragen sollen Ihnen dabei helfen:

	Ja	Nein
■ Habe ich wirklich gründlich nach Beispielen gesucht oder ist mir das passende nur nicht eingefallen?	❐	❐
■ Habe ich meine eigenen Beispiele wirklich gründlich angeschaut und dabei nach meinen Kompetenzen Ausschau gehalten?	❐	❐
■ Habe ich die Kompetenzen auf meine Trainingsliste gesetzt, die ich wirklich brauche?	❐	❐

	Ja	Nein
■ Ist mein persönliches Trainings- programm realistisch?	❏	❏

■ Wie helfe ich mir weiter, wenn es Probleme gibt?

....

....

....

....

....

■ Was kann ich machen, wenn es nicht sofort klappt?

....

....

....

....

....

....

Die berufsbezogene Lebensplanung

6

Wozu Kompetenzen nutzen 140

Welche Rolle Sie im Vorstellungsgespräch
spielen sollten 141

Strategien der Stellensuche 143

Welches Unternehmen zu Ihnen paßt 144

Das Vorstellungsgespräch:
so bereiten Sie sich optimal vor 148

Kompetenzen und Potentiale
richtig präsentieren 151

Trainingsprogramm:
Fragen und Antworten im Vorstellungs-
gespräch 153

Wozu Kompetenzen nutzen

> Wer nicht weiß, wo sie/er hin will,
> muß sich nicht darüber wundern,
> daß sie/er nicht ankommt.
>
> (Volksweisheit)

Berufliche Veränderungen beginnen in der Regel mit Gedankenspielen. Dabei ertappen Sie sich immer häufiger bei der Überlegung, „... eigentlich sollte ich mal wieder ...", oder „... wenn ich mir das genau überlege, bin ich schon eine ganze Weile nicht mehr zufrieden ...". Es ist an der Zeit, etwas zu verändern. Das ist die Möglichkeit herauszufinden, wozu Ihnen Ihre Kompetenzen nutzen können:

- Ich will mir Klarheit verschaffen und damit die Entscheidungen, die noch vor mir liegen, vorbereiten.
- Ich will mich um eine Arbeitsstelle bewerben.
- Ich strebe eine bessere Position an (einen Aufstieg in eine anspruchsvollere Position).
- Ich will in einer politischen Partei Karriere machen.
- Mir wird schon was einfallen ...

Veränderungswünsche, die in Wochen, Monaten und manchmal auch Jahren gereift sind, haben sich zu einem kraftvollen Motor entwickelt, der Sie nun vorantreibt. Die innerbetriebliche Karriere oder der berufliche Stellenwechsel sind zwei Möglichkeiten für eine Veränderung; sie betreffen jeweils die individuelle berufliche Lebensplanung.

Welche Rolle Sie im Vorstellungsgespräch spielen sollten

Die meisten Menschen greifen, wenn sie einen neuen Arbeitsplatz suchen, zu einer Zeitung und schauen nach, welche oder auch wie viele Stellenangebote es derzeit für sie gibt. Sie suchen aus den Angeboten, die es gibt, diejenigen heraus, die ihnen am besten gefallen. Das ist eine Methode, und manches Mal funktioniert sie auch sehr gut. Es gibt bei diesem Vorgehen jedoch ein Problem, und das wird verschärft, wenn Veränderungsnot Sie antreibt.

Beispiele:

- Der frühere Arbeitgeber mußte Konkurs anmelden.
- Sie haben es satt, sich von Ihrem alten Arbeitgeber auch nur einen Tag länger drangsalieren zu lassen.
- Die Decke fällt Ihnen auf den Kopf, und Sie wollen jetzt endlich wieder in den Beruf zurück.
- Sie haben Ihre wahre Bestimmung gefunden und wollen genau jetzt genau diesen, für Sie idealen Job haben.

Diese Motive versetzen Sie in die Rolle einer Person, die „haben will". Damit geben Sie dem Unternehmen die entgegengesetzte Rolle „ich kann geben, muß aber nicht ...". Im selben Ausmaß, in dem in Ihrem Kopf die unausgesprochene Bitte existiert „bitte nehmt mich ...", wächst im Kopf der Arbeitgeberin oder des Arbeitgebers (oder der Person, die die Entscheidung zu treffen hat) die Überzeugung, die größte Auswahl aller Zeiten zu haben. Rational betrachtet weiß jede Arbeitgeberin und jeder Arbeitgeber, daß das ein schlimmer Trugschluß ist. Gute Leute müssen immer mit der Lupe gesucht werden. Aber viele Dinge werden nicht rational behandelt. Daher sollten Sie sich einige Minuten Zeit nehmen, die Einstellung in Ihrem Kopf zu prüfen.

Rollen konstruieren sich „komplementär". Das heißt, auf die Rolle des Bittstellers konstruiert sich die Rolle des großzügigen Gebers. Die Rolle, die Sie selbst einnehmen, unterstützt die Konstruktion der komplementären Rolle, die dann der Vertreterin oder dem Vertreter des Unternehmens zufällt.

> **Praxis-Tip**
>
> - Stellen Sie sich ein Theaterspiel vor, in dem es um die Besetzung eines Arbeitsplatzes geht. Durch die Ausgestaltung der Rolle, die Sie einnehmen werden, können Sie der Szene einen anderen Inhalt geben. Stellen Sie sich vor, die Bewerberin (oder der Bewerber) prüft das Unternehmen (vertreten in der Person der Gesprächspartnerin oder des Gesprächspartners), ob es auch würdig ist, für die eigenen Potentiale einen angemessenen Arbeitsplatz anbieten zu dürfen.
> - Stellen Sie sich weiterhin vor, Arbeitsplatz (auf der Seite des Unternehmens oder der Behörde) und Potential (auf Ihrer Seite) wollen eine Ehe eingehen. Das eine muß zum anderen passen, damit das Ergebnis, das sind Leistung und Zufriedenheit, für die beiden Beteiligten stimmt.

Sie werden zustimmen, eine unübliche, aber interessante Sichtweise.

Sie haben dieses Buch bisher durchgearbeitet; somit haben Sie Ihre Seite, das sind Ihre Kompetenzen und Potentiale, schon vorbereitet und für sich selbst die besten Voraussetzungen geschaffen, Ihre beruflichen Veränderungen kompetent anzugehen. Sie wissen, welchen Beitrag Sie für ein Unternehmen leisten können. Dieses Wissen gibt Ihnen eine starke Position: Sie können das Unternehmen prüfen, ob sein Arbeitsplatzangebot, das heißt die Anforderungen dieses Arbeitsplatzes, so beschaffen sind, daß sie zu Ihren Stärken und Kompetenzen passen.

Lassen Sie diese Vorstellung eine Weile auf sich wirken. Überprüfen Sie noch einmal in Gedanken die möglichen Rollen, die Sie in einem Vorstellungsgespräch einnehmen können. Sie können „Bittstellerin" sein, wenn Sie unbedingt „haben wollen"; Sie können aber auch „Prüferin" sein und herausfinden wollen, ob das Angebot zu Ihnen paßt.

Strategien der Stellensuche

Sie haben grundsätzlich zwei Möglichkeiten, den Stellenmarkt nach geeigneten Angeboten zu durchforsten. Sie können die passive oder die aktive Strategie anwenden.

Passive Strategie

Sie nutzen die passive Strategie, wenn Sie die Stellenangebote in den Zeitungen lesen, Angebote der Arbeitsämter einholen oder auf anderen Wegen die Stellenangebote der Unternehmen entgegennehmen.

Aktive Strategie

Sie bedienen sich aktiver Strategien, wenn Sie selbst an interessante Unternehmen herantreten.

- Sie können sich bei Ihren Freundinnen und Bekannten erkundigen, ob diese von einer offenen Stelle wissen beziehungsweise ob in ihrem Unternehmen gerade jemand gesucht wird. In diesen Fällen müssen Sie Ihren Bekannten sagen können, was genau Sie suchen, in welchem Bereich Sie

- Sie können ein Unternehmen, das auf irgendeine Weise Ihre Aufmerksamkeit erregt hat, anschreiben und um weitere Informationen oder auch um ein „Kennenlerngespräch" (Kontaktgespräch) bitten.
  - Dabei können Sie ganz offen sagen, daß Sie derzeit auf Stellensuche sind oder in absehbarer Zeit eine Veränderung Ihrer beruflichen Situation anstreben. Mit diesem Schreiben wollten Sie nun herausfinden (prüfen), ob eine (spätere) Bewerbung in Frage kommt.
  - Das heißt konkret, Sie wollen herausfinden, ob das Unternehmen wirklich so interessant ist, wie es scheint. (Erinnern Sie sich hier an die beiden möglichen Rollen, die Sie einnehmen können.)
- Sie können ein Stellenangebot texten, in einem geeigneten Medium veröffentlichen und damit interessierte Unternehmen auf sich aufmerksam machen.

arbeiten wollen oder was für Sie in Ihrer neuen Position wichtig sein wird.

Beide Strategien können Sie wahlweise der Reihe nach oder auch gleichzeitig umsetzen. Wichtig ist dabei nur eine Voraussetzung: Sie müssen über Ihre Kompetenzen und Potentiale Bescheid wissen. Sie müssen wissen, „wer ich bin und was ich kann".

Welches Unternehmen zu Ihnen paßt

Ob Sie die Stellenangebote der Zeitungen oder des Arbeitsamtes gelesen, annonciert haben oder selbst an ein Unternehmen herangetreten sind; bei jeder Form der Kontaktaufnahme gilt, daß Sie das Unternehmen, bei dem Sie sich eine berufliche Zukunft vorstellen, genau untersuchen sollten.

Die berufsbezogene Lebensplanung

Das Kontaktgespräch

Wenn Sie sich noch nicht sicher sind, ob das Stellenangebot eines Unternehmens wirklich für Sie interessant ist, benötigen Sie zunächst weitere Informationen. Sie bemühen sich um ein Kontaktgespräch, in dem Sie die für Sie wichtigen Fragen klären können (siehe die „aktive Strategie"). Wenn das Unternehmen tatsächlich interessant ist, können Sie sich immer noch bewerben.

Checkliste: Kontaktgespräch vorbereiten

- Machen Sie sich bitte diese beiden möglichen Rollen bewußt; und entscheiden Sie, welche von beiden Ihnen angenehmer ist.
- Fragen Sie sich, welche Ziele und Erwartungen das Unternehmen oder die Behörde (die künftige Arbeitgeberin oder der künftige Arbeitgeber) hat.
- Stellen Sie fest, welches Ihre Ziele sind ...
- ... und überlegen Sie nun, ob beide, Ziele und Unternehmen, zusammenpassen.

Neben der Arbeitsaufgabe sind die Umgebungsbedingungen, das ist der Rahmen, in dem Sie arbeiten werden, von erheblicher Wichtigkeit. Stellen Sie sich vor, wie der Ort beschaffen sein sollte, in dem Sie Ihre Arbeit verrichten:

- Wo ist das Büro/der Arbeitsplatz, an dem Sie arbeiten werden (Einzelbüro, Großraumbüro, Werkhalle, Geruchs-, Lärm-, Staubbelästigung, im Keller eines Unternehmens, unter dem Dach, in der Nähe der Kantine, mit vielen Kundenkontakten, isoliert in einer Nebenhalle usw.)?
- Wie sieht die Einrichtung aus (gemütliche ältere Möbel, Schreibmaschinen usw.; modernes High-Tech mit viel

Plastik; elegante Designer-Möbel [meist kann man nicht gut drauf sitzen])? In welcher Einrichtung fühlen Sie sich wohl? Ist das egal? Wichtig? Wie sieht es bei Ihnen zu Hause aus?

- Welche Leute gehen hier ein und aus? Mit wem müssen Sie sprechen? Welche Probleme haben die Leute? Fühlen Sie sich in der Gesellschaft wohl? Haben Sie Freude daran, mit diesen Menschen Kontakt aufzunehmen?

- Welchen Ruf hat das Unternehmen, wie ist das Arbeitsklima (wer arbeitet dort, den Sie fragen können), wie frauenfreundlich ist das Unternehmen (gibt es Firmenkindergärten, flexible Arbeitszeiten, werden Frauen in führende Positionen befördert)?

Sie sind eine kompetente und qualifizierte Frau. Bei der Auswahl des Arbeitgebers, dem Sie Ihre Potentiale und Kompetenzen zur Verfügung stellen wollen, dürfen Sie wählerisch sein. Nicht jeder Arbeitgeber hat es verdient, daß Sie seine Mitarbeiterin werden und sich für ihn im Konkurrenzkampf einsetzen. Vielleicht ist der Konkurrent fairer und den Frauen gegenüber mehr aufgeschlossen. Dann hat dieser es verdient, daß Sie ihn unterstützen und stark machen.

- Was wird dort produziert oder vertrieben oder gewartet? Welcher Branche gehört das Unternehmen an? Gibt es eine „Lieblingsbranche", in der Sie sich schon früher wohlgefühlt haben?

Stellen Sie sich alle diese Fragen und versuchen Sie, sich ein Bild des Ortes zu malen, zu dem dieser Arbeitsplatz gehört. Und nun fragen Sie sich, ob Sie sich hier wohlfühlen können.

Sie sind im Vorteil, wenn Sie schon genauere Vorstellungen von dem Ort entwickelt haben, an dem Sie künftig tätig sein wollen. Dann können Sie sehr schnell entscheiden, ob das Angebot dieser oder jener Firma für Sie wirklich interessant ist.

Lassen Sie sich die Arbeitsplatzanforderungen detailliert beschreiben

Wenn Sie ein Unternehmen in die engere Auswahl aufgenommen haben (oder aufnehmen mußten, weil Sie glauben, daß Sie derzeit keine andere Chance haben), gelten Ihre vorbereitenden Fragen dem möglichen Arbeitsplatz, den Sie einnehmen könnten:

- Welche Anforderungen sind an diesem Arbeitsplatz zu bewältigen?
- Welche Kompetenzen (Kernkompetenzen und Familienkompetenzen) haben Sie, die zum Anforderungsprofil dieses Arbeitsplatzes passen?
- Haben Sie darüber hinaus Kompetenzen, die an diesem Arbeitsplatz nicht benötigt werden?
- Können Sie damit leben, daß bestimmte, Ihnen vielleicht wichtige Kompetenzen hier nicht gebraucht werden?
- Welche (Kern-)Kompetenzen fehlen Ihnen, die jedoch für das Bewältigen der Arbeitsaufgabe notwendig sind?
- Wie lange würde es dauern, bis Sie sich diese erarbeitet haben (lohnt sich der Aufwand)?
- Gibt es (in absehbarer Zukunft) ein weiteres Arbeitsplatzangebot, welches besser zu Ihren Kompetenzen passen würde?

Diese Fragen betreffen die Arbeitsaufgabe, das heißt die Anforderungen oder Herausforderungen, die an diesem Arbeitsplatz zu bewältigen sind. Die Fragen sollen Ihnen helfen, sich Klarheit zu verschaffen, in welchem Zusammenhang dieser Arbeitsplatz und Ihre eigenen Kompetenzen und Potentiale zueinander stehen.

Das Vorstellungsgespräch: so bereiten Sie sich optimal vor

Ein Unternehmen hat Sie angesprochen und zu einem Vorstellungsgespräch eingeladen. Ein Vorstellungsgespräch ist – sofern Sie davor nicht selbst tätig waren und schon einen ersten Kontakt mit dem Unternehmen Ihrer Wahl hatten – häufig der erste Kontakt zu einer neuen Welt, in der Sie künftig täglich vier bis acht Stunden pro Tag verbringen könnten – falls Sie zusagen. Und wenn Sie beabsichtigen, eine berufliche Karriere zu realisieren, könnten es noch mehr Stunden werden.

Wichtig:

Es ist nicht unerheblich, wo Sie einen wichtigen Teil Ihres Lebens verbringen werden. Prüfen Sie daher genau, ob dieses Unternehmen wirklich genau das ist, mit dem Sie sich die nächsten Jahre binden wollen. Falls es sich bei dem Vorstellungsgespräch um den ersten Kontakt handelt, klopfen Sie alle Informationen ab, die bereits für das Kontaktgespräch empfohlen wurden.

Das Vorstellungsgespräch dient dem ersten gegenseitigen Kennenlernen. Es gehört zu seinem Ritual, sich gegenseitig Fragen zu stellen. Um dieses „Kennenlernen" zu unterstützen, sollten Sie die Fragen der möglicherweise künftigen Arbeitgeberin oder des Arbeitgebers möglichst genau und wahrheitsgemäß beantworten; und auch Sie sollten Ihre Fragen stellen und auf eine genaue, wahrheitsgemäße Beantwortung Wert legen. Je offener das Gespräch ist, um so besser wissen sich anschließend Bewerberin (oder Bewerber) und Arbeitgeberin oder Arbeitgeber gegenseitig einzuschätzen – und die richtigen Schlüsse zu ziehen.

Das Vorstellungsgespräch (oder Kontakt- beziehungsweise Bewerbungsgespräch) hat eine innere Struktur, die Sie kennen sollten:

Warming-up

Je angenehmer die Situation eines Gespräches ist, um so gesprächsbereiter sind die Menschen. Daher wird Ihre Gesprächspartnerin oder Ihr Gesprächspartner zunächst bemüht sein, eine angenehme Gesprächsatmosphäre herzustellen. Helfen Sie ihr oder ihm dabei. Auch Ihre Gesprächspartnerin oder Ihr Gesprächspartner ist offener und gesprächsbereiter, wenn die Atmosphäre angenehm ist.

Die fachliche Qualifikation

Der erste Gesprächsteil gilt in der Regel der Prüfung Ihrer fachlichen Qualifikation. Das Unternehmen ist zunächst daran interessiert herauszufinden, ob Ihre fachliche Qualifikation den Anforderungen des Arbeitsplatzes entspricht. Ihre Zeugnisse, Ihre früheren Berufserfahrungen, die zusätzliche Qualifikation, die Sie vielleicht während Ihrer Familienphase erworben haben, alle Kurse, die Sie in der Zwischenzeit besucht haben, sind jetzt Gegenstand des Gespräches. Sie runden den Eindruck ab, auf dem Ihr fachbezogenes Leistungsprofil gründet.

Bei Einstellungsfragen gehen die Unternehmen üblicherweise davon aus, daß alle Bewerberinnen oder Bewerber vergleichbar gut qualifiziert sind. Wegen der fachlichen Qualifikation alleine wird heute niemand mehr eingestellt. Manche Unternehmen gehen sogar so weit, zu sagen, daß eine fachliche Qualifikation – wenn sie noch nicht hundertprozentig vorliegt – leichter erarbeitet werden kann als beispielsweise eine überfachliche Qualifikation, die damit von Fall zu Fall sogar höher bewertet wird.

Kompetenzen und Potentiale

Der zweite Teil des Gespräches beschäftigt sich mit den nicht fachlichen Anteilen einer Leistung (die entsprechenden Begriffe heißen „Schlüsselqualifikationen", „Kompetenzen", „Potentiale", „soft skills" usw.). Ausschlaggebend bei der Personalentscheidung (hier: Stellenneubesetzung) ist das überfachliche Profil. Das Arbeitsverhalten, die berufsbezogene Orientierung, die Lernbereitschaft und die Fähigkeit mit Problemen umzugehen und sich in Teams zurechtzufinden, mit anderen zu kooperieren, die Einsatzbereitschaft und Motivation, mit der sich ein Mensch den Aufgaben widmet, sind die wirklichen Gründe für eine Einstellung. Kompetenzen und Potentiale begleiten und unterstützen das fachliche Arbeitsverhalten und machen die fachbezogene Leistung auf hohem Niveau erst möglich.

Von daher gesehen kommt diesen Anteilen des Gespräches ein hoher Stellenwert zu. Arbeitgeberinnen und Arbeitgeber sind sehr daran interessiert, gerade diese Voraussetzungen einer fachlichen Leistung zu erfragen.

Praxis-Tip

> Es handelt sich dabei in weiten Teilen um die Kompetenzen und Potentiale, die Sie in den letzten Jahren im Rahmen Ihrer Haushaltstätigkeit, Ihres ehrenamtlichen Engagements oder bei der Ausübung Ihres Hobbys trainiert haben. Im Vorstellungsgespräch haben Sie jetzt die Möglichkeit, über diese Kompetenzen und Potentiale, die Sie beim Durcharbeiten dieses Buches konkretisiert haben, zu sprechen.

Die berufsbezogene Lebensplanung

Individuelle Lebensplanung und die Interessen des Unternehmens

Eingedenk der intensiven Vorbereitungen, die Sie getroffen haben, indem Sie Ihre Kompetenzen und Potentiale mit Hilfe dieses Buches erarbeitet haben, sollte Ihnen dieser Gesprächsteil Vergnügen bereiten. In diesem dritten Gesprächsschwerpunkt wird die Frage erörtert, ob „die Beziehung von Dauer sein wird". Das Unternehmen ist daran interessiert zu erfahren, wie Ihre individuelle Lebensplanung aussieht. Es kommt hier darauf an, ob in Ihren Vorstellungen ein Unternehmen wie dieses, das Sie gerade besuchen, vorkommt.

Sie können diesen Teil des Gespräches mit dem Liebeswerben vergleichen. Wenn „Er" sich Mühe gibt, um die Dame seines Herzens zu erobern, dann soll „Sie" gefälligst auch ja sagen und bei „Ihm" bleiben.

Kompetenzen und Potentiale richtig präsentieren

Wenn Menschen eine Entscheidung treffen müssen, brauchen sie Argumente. Wenn Ihr Gegenüber, die Gesprächspartnerin (oder der Gesprächspartner), die Sie einstellen wird, zu Ihren Gunsten entscheiden soll, müssen Sie ihr (ihm) gute Argumente dafür nennen. Vorausgesetzt natürlich, daß Sie an der Stelle wirklich interessiert sind.

Das menschliche Gedächtnis ist so konstruiert, daß bildhafte Vorstellungen, Beispiele, „short stories" leichter hängen bleiben als abstrakte Darbietungen. Einige kluge Leute, die sich mit der Gehirnforschung auseinandergesetzt haben, vermuten die Ursache dafür in der unterschiedlichen Auslastung unserer beiden Hemisphären. Die linke Gehirnhälfte, das ist jene, in der die Logik, Rationalität, das tägliche Wissen abgespeichert sind, ist in unserer Kultur beinahe überlastet. Die rechte Hemisphäre hingegen, die für Phantasie, Kreativität, Bilder und Geschichten verantwortlich ist, kann sich in unserer Wettbewerbskultur eher langweilen.

Wichtig:

Stellen Sie sich vor, Ihr Gesprächspartner (oder Ihre Gesprächspartnerin) muß etliche Vorstellungsgespräche führen. Er muß Informationen von ganz unterschiedlichen Leuten aufnehmen, diese Informationen abspeichern, und nachher, wenn eine Entscheidung zu fällen ist, sie erneut aus seinem Gedächtnis abrufen, sich vor Augen führen, wer was gesagt hat, und dann die Entscheidung treffen. Damit Sie wirksam in Erinnerung bleiben (sofern Sie das wollen), sollten Sie daher diejenige Gehirnhälfte ansprechen, die für Ihre Ziele am meisten geeignet ist.

Wir nehmen an, daß Ihre fachlichen Leistungen tadellos sind. Folglich kann es Ihrem Gesprächspartner, Ihrer Gesprächspartnerin, nur um Ihre überfachlichen Qualifikationen gehen. Daran ist er interessiert; er oder sie will wissen, welche Kompetenzen und Potentiale Sie im Verlaufe Ihres Lebens erworben haben, welchen Beitrag Sie leisten können, die Probleme an diesem Arbeitsplatz zu bewältigen, welchen Vorteil Ihre Mitarbeit für die Abteilung und das Unternehmen hat. Jetzt ist Ihre Stunde gekommen: Sie können über alle Ihre Kompetenzen und Potentiale sprechen.

Bitte erinnern Sie sich an die Strategie, die Sie beim Durcharbeiten dieses Buches angewandt haben. Sie haben für die einzelnen Anforderungen, die innerhalb einer Anforderungsdimension stehen, Beispiele gesucht. Soweit das Beispiel auf die jeweilige Anforderung paßt, beinhaltet es zugleich Ihre Kompetenzen.

Die berufsbezogene Lebensplanung

> **Praxis-Tip**
>
> Sie haben die Beispiele aus Ihrer Erinnerung hervorgeholt und als Handlung niedergeschrieben. Dann haben Sie sie wieder gelesen und geprüft, ob Sie auch nichts Wichtiges vergessen haben. Nun können Sie sie Ihrer Gesprächspartnerin oder Ihrem Gesprächspartner anbieten und mit ihr oder ihm darüber reden. Es sind kleine Geschichten, die man sich gut merken kann. Und es sind gute Argumente für jemanden, der eine Entscheidung zu treffen hat.

Trainingsprogramm: Fragen und Antworten im Vorstellungsgespräch

Eine Standardfrage in jedem Vorstellungsgespräch lautet: „Warum, glauben Sie, sind Sie besonders für diese Position geeignet?" Diese Frage können Sie leicht beantworten. Sie kennen die Anforderungen dieses Arbeitsplatzes, und Sie kennen die Potentiale und Kompetenzen, die Sie im Verlaufe Ihres Lebens entwickelt haben. Ihre mögliche Antwort könnte so lauten:

- „Wie ich gesehen habe, ist an diesem Arbeitsplatz vor allem wichtig, daß ...; wenn ich so zurückblicke, welche Aufgaben mir als Präsidentin bei ... anvertraut waren, da fällt mir auf, daß ich mich sehr häufig mit ... auseinandergesetzt habe. Beispielsweise habe ich, als ich mit dem Projekt ... beschäftigt war, ... ausgearbeitet, so daß ...".

- „Ja, das ist eine besonders wichtige Aufgabe. Ich habe im Verlaufe meiner (beruflichen oder ehrenamtlichen) Tätigkeit bei ... auf diesem Gebiet umfangreiche Erfahrungen sammeln können. Beispielsweise habe ich ..., und später ist noch die Verantwortung für ... hinzugekommen. Ich glaube sicher sagen zu können, daß ich gerade hier auf zahlreiche Erfahrungen blicken kann."

- „Ja, ich habe gerade überlegt, wie häufig ich im Verlaufe meines Berufslebens schon mit dieser Frage befaßt war. Beispielsweise hatte ich bei ... die Verantwortung für ... und dabei habe ich oft ..."
- „Das ist meiner Meinung nach sehr wichtig an Arbeitsplätzen, in denen ...; ich habe dabei die Beobachtung gemacht, daß ...; beispielsweise habe ich ...".
- „Als ich früher, vor meiner Familienphase, erwerbstätig war, habe ich mich oft mit diesen Anforderungen beschäftigen müssen. Beispielsweise ... Das hat sich übrigens in der Zeit meiner Haushalts- und Familientätigkeit wenig geändert. Wenn ich mir das genau überlege, habe ich hier auch umfangreiche Erfahrungen ... sammeln können. Zum Beispiel bei ..."

Diese Gesprächsmöglichkeiten – zu denen Sie gerne weitere hinzufügen können – haben eines gemeinsam. Sie berichten von einem Beispiel, in dem Sie zeigen, daß Sie dieses oder jenes im Verlauf Ihres Berufslebens oder in der Zeit Ihrer Haus- und Familienarbeit schon getan haben, daß Sie Erfahrungen damit gesammelt haben und kein Neuling mehr sind. Indem Sie Beispiele aus Ihrem früheren Berufsleben (oder Ihrem Ehrenamt oder Ihrer privaten Tätigkeit) berichten, können Sie glaubhaft machen, daß Sie tatsächlich über diese Kompetenzen verfügen. Damit werden Sie zu einer Gesprächspartnerin oder zu einem Gesprächspartner, der sich der Aufmerksamkeit der Arbeitgeberin oder des Arbeitgebers sicher sein kann.

Welche Fragen Sie stellen sollten

Bitte erinnern Sie sich an die Rolle, die Sie im Rahmen dieses Vorstellungsgespräches einnehmen wollen. Die Arbeitgeberin oder der Arbeitgeber haben bei Ihnen geprüft, ob Sie (vermutlich) die Anforderungen des Arbeitsplatzes bewältigen und die in Sie gesetzten Erwartungen erfüllen werden. Nun sind Sie aufgefordert, das Unternehmen zu prüfen, ob es die Erwartungen, die Sie mit einer neuen Position verbinden, auch erfüllen kann.

In der Checkliste (siehe Seite 145) haben Sie alle Punkte aufgeführt, die Ihnen bei einem neuen Arbeitgeber wichtig sind. Diese Punkte können Sie im Verlauf des Vorstellungsgespräches ansprechen:

- Fragen Sie Ihre Gesprächspartnerin (oder Ihren Gesprächspartner) danach, welche Erwartungen das Unternehmen mit diesem Arbeitsplatz verknüpft, was von der Stelleninhaberin (dem Stelleninhaber) erwartet wird. Wenn Ihre Gesprächspartnerin Ihre zukünftige Vorgesetzte ist, fragen Sie sie direkt, was sie von Ihnen, als mögliche künftige Stelleninhaberin, erwartet. Auch hier werden Sie als Antwort zunächst die rein fachlichen Aspekte des Arbeitsplatzes zu hören bekommen. Da wir wissen, daß der fachliche Anteil nur der kleinere ist, dürfen auch Sie Ihre Vorgesetzte (oder Ihren Vorgesetzten) nach den überfachlichen Anteilen an diesem Arbeitsplatz befragen.

- Fragen Sie Ihre Gesprächspartnerin (oder Ihren Gesprächspartner), worauf sie noch Wert legen würde, was ihr neben der fachlichen Erfüllung der Arbeitsaufgaben außerdem noch wichtig ist. Jetzt sollte Ihre Gesprächspartnerin (oder Ihr Gesprächspartner) die nicht fachlichen Aspekte des Arbeitsplatzes ansprechen, ihre oder seine Erwartungen an das Verhalten der Mitarbeiterinnen oder Mitarbeiter.

- Es gibt ferner eine Reihe „normativer Üblichkeiten" in einem Unternehmen (oder einer Behörde), die sich auch auf das Verhalten der Mitarbeiterinnen und Mitarbeiter auswirken. Fragen Sie in diesem Zusammenhang danach; es handelt sich dabei um Regelungen, die abteilungsintern so getroffen wurden, weil sie sich in der Vergangenheit als brauchbar erwiesen haben oder weil sie von allgemeinem Vorteil sind. Vielleicht gibt es bestimmte Kunden, die nur zu bestimmten Zeiten bestimmte Anforderungen stellen, so daß darauf abgestimmt bestimmte Arbeitszeitregelungen oder eine Anwesenheitspflicht notwendig werden. Sie müssen diese Regelungen kennen, denn sie haben etwas mit der künftigen Arbeitsaufgabe zu tun.

- Fragen Sie auch nach den Zielen, die das Unternehmen mit diesem Arbeitsplatz verbindet. Hinter dieser Frage steht der „Bestand der Stelle". Es gibt hin und wieder Unternehmen, die kurz vor der Umstrukturierung stehen und denen bekannt ist, daß in naher Zukunft genau diese Stelle, um die Sie sich jetzt bewerben, wegfallen wird. Wenn Sie sich bewerben, dann sollten Sie wissen, was in naher Zukunft mit dieser Stelle geschehen soll.

Praxis-Tip

Denken Sie sich weitere Fragen aus, die etwas mit genau Ihrer Situation oder Ihren Wünschen zu tun haben. Sie kennen Ihre Kompetenzen und Potentiale am besten; und Sie haben eine Vorstellung von Ihren berufsbezogenen Lebenszielen entwickelt. Prüfen Sie, was Sie alles wissen müssen, damit Sie eine tragfähige Entscheidung treffen können.

Welche Fragen Sie *nicht* beantworten müssen

Nicht akzeptable Fragen sind solche, die Sie nicht beantworten müssen. Es gibt eine Reihe von Fragen, die eine Arbeitgeberin oder ein Arbeitgeber nicht stellen darf. Dazu gehört beispielsweise die Frage nach Ihrer Familienplanung oder nach einer geplanten Schwangerschaft. Sie können diese Fragen zurückweisen.

Sie können aber auch überlegen, in welchem Zusammenhang („der Ton macht die Musik") diese Fragen an Sie herangetragen wurden. Wenn ein Unternehmen ein wirkliches Interesse an Ihnen hat, dann wird es bereit sein, Ihre Wünsche im Zusammenhang mit der Familienplanung zu respektieren.

Es gibt Unternehmen, die ganze Abteilungen umstrukturiert haben, nur damit eine Mitarbeiterin die Arbeitszeitregelung erhalten konnte, die sie nach der Geburt ihres Kindes gewünscht hat.

Nehmen Sie bei diesen „nicht akzeptablen Fragen" zunächst das positive Interesse der Arbeitgeberin oder des Arbeitgebers an Ihrer Person an.

Wenn die Fragen jedoch in diskriminierender Form gestellt werden, dann weisen Sie diese Fragen zurück. Sie haben dabei folgende Möglichkeiten:

- Eine Arbeitgeberin oder Arbeitgeber, die oder der diskriminierende Fragen stellt, sollte sich in Ihren Augen schnell disqualifiziert haben. Bitte betrachten Sie Ihre ausformulierte Liste mit den Anforderungen an das Unternehmen bzw. den neuen Arbeitsplatz. Vermutlich sind Sie nicht bereit, bei einer Arbeitgeberin oder einem Arbeitgeber zu arbeiten, der Frauen diskriminiert. Ebensowenig finden Sie hinreichende Gründe, einem solchen Unternehmen zum wirtschaftlichen Erfolg zu verhelfen.

  Eingedenk dieser Entscheidung ist es für Sie nicht mehr notwendig, diese Frage zu beantworten. Sie wissen jetzt, daß diese Arbeitgeberin bzw. dieser Arbeitgeber für Sie nicht in Frage kommt. Sie können nun irgend etwas sagen und dann das Gespräch zu einem rituellen Ende führen. Vielleicht war es nett, eine andere Stadt gesehen zu haben.

- Sie können die Situation auch analytisch betrachten. Sie sehen vor sich einen Menschen, der unerlaubte Fragen auf diskriminierende Weise gestellt und Sie damit verärgert hat. Vielleicht ist das eine der Situationen, die Sie weiter oben in einer Ihrer Listen vermerkt haben und an der Sie noch trainieren möchten. Da Sie ohnehin entschlossen sind, dieses Arbeitsplatzangebot nicht zu akzeptieren, können Sie wenigstens die Situation benutzen, das zu lernen, was Sie schon immer lernen wollten. Sie können die Chance, die sich Ihnen hier anbietet, als Lernfeld betrachten und ein Vorstellungsgespräch führen, welches vielleicht diesem Arbeitgeber noch lange in Erinnerung bleiben wird.

Warum Sie ehrlich antworten sollten

Nicht akzeptable Antworten betreffen eine Strategie, die Sie kritisch prüfen sollten. Gemeint ist hier das Flunkern oder der Versuch, sich als besser oder kompetenter zu präsentieren, als man ist. Zugegeben: manche empfehlen das Flunkern, weil sie davon ausgehen, daß auch ein Unternehmen flunkert und den Arbeitsplatz als schöner und besser anbietet, als es der Wirklichkeit entspricht. Wenn anschließend beide 40 % Flunkerquote abziehen und voneinander (mehr oder weniger) enttäuscht sind, ist die Welt wieder in Ordnung. Heimlich haben ja beide gewußt, was sie voneinander zu halten hatten.

Achtung:

Es gibt aber auch eine andere Möglichkeit. Sie kennen Ihre Kompetenzen und Potentiale. Das versetzt Sie in die Lage, kritisch zu prüfen, was es mit dem offerierten Arbeitsplatz wirklich auf sich hat. Ein höheres Angebot abzugeben, als man tatsächlich realisieren kann, bedeutet auch, einer Überforderung zuzustimmen, die insbesondere im Verlauf der Einarbeitungszeit unangenehme Konsequenzen mit sich bringen kann. Die Arbeitgeberin oder der Arbeitgeber, die oder der vielleicht hohe Erwartungen in Sie gesetzt (und bei seinem Angebot nicht geflunkert) hat, zeigt sich enttäuscht. Es ist nun die Frage, ob Sie, als neue Stelleninhaberin, diesen Schaden an der eigenen Karriere wiedergutmachen können. Ganz abgesehen davon, daß Sie selbst die Fehlentscheidung mit zu verantworten haben.

Praxis-Tip

Eine realistische Selbsteinschätzung sollte vor Fehlentscheidungen schützen; auch vor der Gefahr, sich unter Wert zu verkaufen. Weder Sie noch Ihre Arbeitgeberin oder Ihr Arbeitgeber haben einen Vorteil davon, wenn Sie an Ihrem neuen Arbeitsplatz unterfordert sind. Sie haben keine Chance zu zeigen, was in Ihnen steckt, und Ihre Arbeitgeberin beziehungsweise Ihr Arbeitgeber muß wegen der Fehlbesetzung mit Ihrer latenten Unzufriedenheit rechnen. Überprüfen Sie daher vor einer Entscheidung, ob Sie eine Flunkerquote berücksichtigen müssen.

Personalentwicklung in Unternehmen und Behörden

7

Personalbeurteilungsgespräche:
wie Sie sich am besten verhalten 162

Firmeninterne Maßnahmen:
wie Sie sich weiterentwickeln können 166

Das Lernfeld „Unternehmen":
nutzen Sie Ihre Chance 167

Personalbeurteilungsgespräche: wie Sie sich am besten verhalten

Personalentwicklung nimmt ihren Ausgangspunkt bei der Stellenbesetzung, das heißt an dem Ort, den Sie gerade jetzt einnehmen. Dabei ist unerheblich, wie lange Sie diesen Arbeitsplatz schon innehaben. Wichtig alleine ist, daß Sie JETZT Schritte unternehmen, Ihre Position im Unternehmen zu verändern oder zu verbessern.

Die Prinzipien der Veränderung sind immer die gleichen. Sie nehmen Abschied von dem, was derzeit ist, um etwas Neues zu beginnen. Dabei ist nicht wichtig, ob Sie das außerhalb oder innerhalb eines Unternehmens versuchen. Wenn Sie im Unternehmen bleiben wollen, können Sie allenfalls noch einige Vorteile davon genießen: Das Unternehmen kann als Partner Ihrer weiteren Entwicklung hilfreich sein.

Personalentwicklung in den Unternehmen ist in der Regel mit Personalbeurteilungsgesprächen (oder Personalentwicklungsgesprächen beziehungsweise Zielvereinbarungsgesprächen usw.) verbunden. Im Rahmen dieser Gespräche, die in der Regel Ihre direkte Vorgesetzte oder Ihr direkter Vorgesetzter, gelegentlich auch dessen Vorgesetzte(r) mit Ihnen führt, können Sie sich zu Ihren Zukunftsvorstellungen im Unternehmen äußern.

Im Verlauf dieses Gespräches werden drei wichtige Aspekte angesprochen:

- Ihre Leistungen und Ihr Verhalten an diesem Arbeitsplatz (es handelt sich dabei um ein „Fremdbild"; das ist eine Einschätzung Ihrer Potentiale durch die Augen Ihres derzeitigen Vorgesetzten)
- die Erwartungen, die die oder der Vorgesetzte mit Ihrem Einsatz verbindet (das sind Ziele, die der Vorgesetzte mit Ihnen vereinbart)
- Ihre persönliche Zukunft in diesem Unternehmen

Bereiten Sie sich gründlich vor!

Dieses Gespräch ist für Sie beziehungsweise Ihre Karrierewünsche sehr wichtig. Es empfiehlt sich daher, es gut vorzubereiten. Achten Sie dabei auf folgendes:

- Sie bereiten das Gespräch vor, indem Sie sich die Kompetenzen, die Sie mit Hilfe dieses Buches erarbeitet haben, in Erinnerung rufen. Überlegen Sie sich für die einzelnen Kompetenzen (die mit den Anforderungen Ihres derzeitigen Arbeitsplatzes übereinstimmen) geeignete Beispiele, die Sie bei Bedarf Ihrer oder Ihrem Vorgesetzten mitteilen (hierbei gelten dieselben Argumente, wie sie weiter oben im Zusammenhang mit dem Vorstellungsgespräch genannt wurden).

- Überlegen Sie sich, welches die Interessen und Bedürfnisse Ihrer oder Ihres Vorgesetzten sind. Denken Sie daran, diese Frau oder dieser Mann hat ebenfalls eine Vorgesetzte oder einen Vorgesetzten, von dem sie oder er abhängig ist. Auch Ihr Vorgesetzter (oder Ihre Vorgesetzte) muß die ihm (oder ihr) gegebenen Ziele erfüllen und Leistungsnachweise erbringen. Je besser Sie mitarbeiten, um so mehr helfen Sie Ihrer bzw. Ihrem Vorgesetzten dabei, die ihr oder ihm vorgegebenen Ziele zu erfüllen. Also überlegen Sie sich, worin Sie Ihre Vorgesetzte oder Ihren Vorgesetzten unterstützen können.

- Überlegen Sie sich, wie Sie sich Ihre Zukunft im Unternehmen vorstellen. Vielleicht fragt Ihre Vorgesetzte sogar, „worin sie Sie unterstützen kann". Dann sollten Sie ihr klar und deutlich Ihre Vorstellungen und Erwartungen nennen können. Wer umgekehrt in einem Personalgespräch nicht sagen kann, was sie oder er eigentlich will, hat die Chance verschlafen. Menschen ohne Konzept müssen nicht gefördert werden. Also überlegen Sie sich bitte frühzeitig, welchen Arbeitsplatz Sie sich in vier oder in fünf Jahren vorstellen.

> **Praxis-Tip**
>
> Nachdem Sie das Gespräch so vorbereitet haben, überlegen Sie bitte noch, welche Ziele Sie persönlich mit diesem Gespräch verbinden. Vielleicht gibt es eine bestimmte Fortbildungsmaßnahme, an der Sie gerne teilnehmen möchten, vielleicht möchten Sie auch in das (im Unternehmen vorhandene) Personalentwicklungsprogramm aufgenommen werden. Das Personalgespräch ist ein guter Anlaß, Ihre Ziele oder Wünsche, die Sie haben, mit Ihrer oder Ihrem Vorgesetzten zu besprechen.

Das Personalgespräch hat einen bestimmen Rahmen, dazu gehört die Zeit, die sich Ihr Vorgesetzter oder Ihre Vorgesetzte zu nehmen bereit ist (oder die er/sie sich nehmen muß); dazu gehört gegebenenfalls auch ein Fragenkatalog, der im Verlauf des Gespräches abgearbeitet werden muß. Erkundigen Sie sich danach und nehmen Sie sich für das Gespräch nicht zuviel vor: Es kann von Vorteil sein, bestimmte Dinge nicht im Verlauf des Gespräches, sondern besser danach anzusprechen. Überlegen Sie, wieviel Zeit insgesamt zu Verfügung steht, und wie Sie diese nutzen können.

- Hören Sie gut zu, was Ihr Vorgesetzter beziehungsweise Ihre Vorgesetzte Ihnen sagt. Er/Sie wird Ihnen ein Fremdbild liefern, welches für Sie persönlich sehr wichtig ist. Sie können mit Hilfe dieses Fremdbildes Ihr Selbstbild (die Summe der Kompetenzen und Potentiale, die Sie selbst erarbeitet haben) ergänzen. Er/Sie wird über Ihre Leistungen und über Ihre Potentiale sprechen, so wie er/sie sie sieht beziehungsweise einschätzt. Nutzen Sie diese Chance, mehr über sich selbst zu erfahren.

- Berichten Sie Ihrem Vorgesetzten/Ihrer Vorgesetzten, was Sie gerade machen, mit welchen Aufgaben Sie beschäftigt sind und welche Probleme Sie gelöst haben. Betrachten Sie diese Phase als Bericht zu Ihren derzeitigen Aufgaben.

- Nutzen Sie dieses Gespräch auch, ihm oder ihr die Probleme, denen Sie sich gegenübersehen, zu schildern. Sprechen Sie die Schwierigkeiten an, zu deren Lösung er oder sie (aus deren Position und Perspektive) etwas beitragen kann.

- Die Probleme, die alleine Ihre Sache sind, benennen Sie bitte im Zusammenhang mit einem Lösungsvorschlag, dem Ihr Vorgesetzter, Ihre Vorgesetzte, zustimmen oder den er oder sie nochmals mit Ihnen diskutieren kann. Sie können soviele Probleme besprechen, wie Sie wollen, sofern Sie immer gleich den Lösungsvorschlag mit präsentieren.

- Vereinbaren Sie mit Ihrem Vorgesetzten oder Ihrer Vorgesetzten auch, welche Ziele für Sie künftig verbindlich sind. Nur wenn Sie wissen, was er oder sie von Ihnen haben will oder von Ihnen erwartet, können Sie wirklich erfolgreich sein.

- Nutzen Sie das Gespräch auch, um über die zukünftigen Perspektiven zu sprechen. Teilen Sie Ihrem Vorgesetzten/ Ihrer Vorgesetzten Ihre Erwartungen hinsichtlich Ihrer zukünftigen Stelle oder Position, die Sie in diesem Unternehmen erreichen möchten, mit. Das ist wichtig für Sie; der/die Vorgesetzte ist die wichtigste Person, wenn es um Ihre beruflichen Chancen geht.

- Sagen Sie Ihrem Vorgesetzten beziehungsweise Ihrer Vorgesetzten, daß Sie gerne in dieser Abteilung arbeiten (was ohne Zweifel so stimmt, sonst wären Sie längst gegangen), daß Sie aber auch an einer Weiterentwicklung interessiert sind. Vereinbaren Sie mit ihnen verschiedene Schritte, die etwas mit Ihrem beruflichen Fortkommen zu tun haben.

Firmeninterne Maßnahmen: wie Sie sich weiterentwickeln können

In jedem Unternehmen gibt es verschiedene Methoden oder Strategien, deren gemeinsames Ziel die Entwicklung der Kompetenzen und Potentiale der Mitarbeiterinnen und Mitarbeiter ist. Mögliche Maßnahmen sind zum Beispiel:

- die Übernahme von Sonderaufgaben, mit deren Hilfe Sie spezifische Erfahrungen sammeln können
- Mitarbeit in einem Projekt, wobei Sie sich um ganz bestimmte Aufgaben kümmern können
- Teilnahme an einer Rotation, damit Sie in einem definierten Zeitrahmen weitere Erfahrungen sammeln können
- Teilnahme an bestimmen Weiterbildungsmaßnahmen, die dem Personalentwicklungskonzept des Unternehmens entsprechen und deren Ziel die Qualifikation von zum Beispiel Fachkräften oder Führungsnachwuchskräften ist

In jedem Fall ist es für Sie von Vorteil, wenn Sie in Ihrem Unternehmen nach neuen oder weiteren Herausforderungen suchen. Sie müssen Ihre Vorgesetzte oder Ihren Vorgesetzten von Ihren Leistungen und Ihrem Können überzeugen. Dann wird sie oder er Sie gerne unterstützen.

Personalentwicklungsgespräch: so kommen Sie weiter!

Falls es in Ihrem Unternehmen keine regulären Personalgespräche gibt, dann wählen Sie den informellen Weg. Sagen Sie Ihrer Vorgesetzten (oder Ihrem Vorgesetzten), daß Sie sie (oder ihn) sprechen möchten, daß Sie mit ihr (oder ihm) über Ihre Zukunft im Unternehmen reden wollen. Bitten Sie sie oder ihn um einen Termin und führen Sie dann ein Gespräch, welches den Namen „Personalentwicklungsgespräch" auch verdient.

Dieses Gespräch kann folgenden Aufbau haben.

- Sagen Sie Ihrer oder Ihrem Vorgesetzten, daß „... ich gerne hier arbeite, aber ich bin auch daran interessiert, weitere Aufgaben zu übernehmen und mehr Verantwortung zu tragen. Ich möchte in diesem Unternehmen weiterkommen ...".

- Bitten Sie Ihre Vorgesetzte oder Ihren Vorgesetzten um eine Einschätzung Ihrer Person. „Ich wäre daran interessiert, wie Sie mich sehen. Ihre Einschätzung ist mir sehr wichtig. Vielleicht können Sie mir auch sagen, was ich noch verbessern kann oder wo Sie mit mir zufrieden sind ..."

- Bitten Sie Ihre Vorgesetzte oder Ihren Vorgesetzten um konkrete Unterstützung für Ihren Plan. „... Vielleicht gibt es ein Projekt, bei dem ich mich engagieren kann. Ich möchte gerne weitere Erfahrungen sammeln ... oder was können Sie mir empfehlen ..."

Das Lernfeld „Unternehmen": nutzen Sie Ihre Chance

Wenn Ihre Vorgesetzte oder Ihr Vorgesetzter damit einverstanden ist, verabreden Sie mit ihr oder ihm verschiedene Entwicklungsschritte, damit Sie in einem absehbaren Zeitraum auf Veränderungen zurückblicken können.

Was Sie sich seit geraumer Zeit gewünscht haben, ist schnell eingetreten. Ihr Vorgesetzter hat eine Aufgabe für Sie, mit der Sie ihm zeigen können, was alles in Ihnen steckt. Haben Sie keine

Zurück in den Beruf

Angst vor Unbekanntem, sondern gehen Sie auf das Lernfeld „Unternehmen" zu.

Bitte erinnern Sie sich an die umfangreichen Vorarbeiten, die Sie getroffen haben, um diesen ersten Einsatz vorzubereiten. Sie haben in anderen Lernfeldern zahlreiche Erfahrungen gesammelt und sie mit Hilfe überzeugender Beispiele untermauert. Lassen Sie sich von Ihren eigenen Beispielen überzeugen: Das, was Sie schon einmal gekonnt haben, werden Sie wieder können.

Und wenn Sie absolutes Neuland betreten, dann erinnern Sie sich an das Gepäck, welches Sie speziell für dieses „Neuland" vorbereitet haben. Tun Sie es, sonst tun es andere für Sie.

Die persönliche Checkliste für Neuland

- Wie sehen die Anforderungen aus, die hier auf mich warten?

  ....

  ....

  ....

- Welche Erfahrungen kann ich aus anderen Lernfeldern benutzen, um im Neuland weiterzukommen?

  ....

  ....

  ....

Personalentwicklung in Unternehmen

- Habe ich wirklich alle unterstützenden Spurrillen aufgesucht?

  ....

  ....

  ....

  ....

- Welche Worte oder welche Engelskreise helfen mir am besten, wenn die Erwartungen und der Druck steigen?

  ....

  ....

  ....

  ....

- Wen kann ich fragen, die oder der mir weiterhelfen kann?

  ....

  ....

  ....

  ....

- Habe ich genügend „Rücksprachen" mit meinen Vorgesetzten vereinbart?

  ....

  ....

  ....

- Bin ich darauf vorbereitet, die wichtigen und die notwendigen Botschaften (Erfolge und Probleme) angemessen mit meiner Vorgesetzten oder meinem Vorgesetzten zu besprechen?

  ....

  ....

  ....

- Habe ich die notwendige und regelmäßige Entspannung und Erholung, damit ich mich nicht überfordere, sondern bei Kräften bleibe und meine Leistungen nicht nachlassen?

  ....

  ....

  ....

- Habe ich genügend Spaß an der ganzen Sache?

  ....

  ....

  ....

- Was fehlt mir noch, damit ich erfolgreich bleibe (werde)?

  ....

  ....

  ....

Jetzt gibt es nur noch eines zu sagen:

Viel Glück!

Hilfreiche Adressen

8

Netzwerke 174

Berufsverbände/berufsbezogene
Verbände 174

Beratungsstellen 175

Zurück in den Beruf

Netzwerke

FAU
Frauen als Unternehmerinnen e. V.
Oesdorferstr. 14
91325 Adelsdorf
Tel.: (0 91 95) 67 93

kom!ma
Verein für Frauen
Himmelgeisterstr. 107
40225 Düsseldorf
Tel.: (02 11) 31 49 10

Die Spinnen e. V.
Beratungs- und Bildungszentrum
für Frauen
zur Erwerbssituation
Bäuminghausstr. 46
45326 Essen
Tel.: (02 01) 31 10 71

EWMD Deutschland e. V.
European Women's Management
Development Network
Langenscheidtstr. 11
10827 Berlin
Tel.: (0 30) 7 82 50 75

EWMD Europa:
European Women's Management
Development Network Amazone
Rue du Méridian 10
B-1210 Brüssel
Belgien
Tel.: (00 32) 22 29 38 60

Münchner Wirtschaftsforum e. V.
Sekretariat: Office Team
Kolpingstr. 8
83646 Bad Tölz
Tel.: (0 80 41) 94 54

Frauen informieren Frauen e. V.
Westring 67
34127 Kassel
Tel.: (05 61) 89 31 36

Arbeitskreis Versicherungs- und
Finanzexpertinnen (bundesweit)
Schornstr. 8
81669 München
Tel.: (0 89) 4 48 57 46

Berufsverbände/berufsbezogene Verbände

BSB Berufsverband
Sekretariat + Büromanagement e. V.
Friedrichsstraße 47
68199 Mannheim
Tel.: (06 21) 8 41 48 20

deutscher ingenieurinnen bund e. V.
Postfach 11 03 05
64218 Darmstadt

Hilfreiche Adressen

Beratungsstellen

Baden-Württemberg
Berufliche Förderung von Frauen e. V.
Schloßstr. 96
70176 Stuttgart
Tel.: (07 11) 6 15 28 78

Bayern
Beratungsstelle „Frau und Beruf"
an der Volkshochschule Regensburg
Haidplatz 8
93047 Regensburg
Tel.: (09 41) 5 07 24 32

Frauenakademie
Auenstraße 31
80469 München
Tel.: (089) 7 21 18 81

Berlin
KOBRA – Berliner Frauenbund 1945 e. V.
Cottbusser Damm 79
10967 Berlin
Tel.: (0 30) 6 95 92 30

Bremen
Beratungsstelle Frau und Beruf
Ansgaritorswallstr. 19
28195 Bremen
Tel.: (04 21) 16 93 70

Hamburg
E.F.A. Erwerbslose Frauen Altona e. V.
Erzberger Str. 1–3
22765 Hamburg
Tel.: (0 40) 3 90 29 24

Hessen
Verein zur beruflichen
Förderung von Frauen e. V.
Ludolfusstraße 2–4
60487 Frankfurt
Tel.: (0 69) 7 95 09 90

Mecklenburg-Vorpommern
Beratungsstelle für Frauen
Landratsamt Teterow
Rostocker Str. 43–49
Tel.: (0 39 96) 15 50

Niedersachsen
Volkshochschule
Braunschweig
Leopoldstr. 6
38100 Braunschweig
Tel.: (05 31) 2 41 20

Nordrhein-Westfalen
DAPHNE
Klosterstraße 5
32545 Bad Oeynhausen
Tel.: (0 57 31) 2 97 13

Saarland
Beratungsstelle Frau und Beruf
Kaiserstraße 8
66111 Saarbrücken
Tel.: (06 81) 93 63 33 22

Sachsen
Beratungsstelle für Frauen e. V.
Dornblüthstraße 18
01277 Dresden
Tel.: (03 51) 3 10 52 75

Schleswig-Holstein
Berufsfortbildungswerk des DGB
Schleswiger Chaussee 35
25813 Husum
Tel.: (0 48 41) 97 00

Schnell nachschlagen

Anforderungsdimensionen 25, 26, 40, 130
Anforderungsprofil 21, 24, 25
Aufgabe 126
Aufstiegsbewerbung 22

betriebliche Personalentwicklung 21
Bewerbung 22

Delegation 25

Einstellungen 126
Einstellungsfragen 149
Engelskreis 122
Entscheidungsprozeß 21
Entscheidungsverhalten 25
Erfahrungen 7, 106, 125
Erfahrungswissen 8, 33
Erfolg 36
Erfolgserlebnis 125
Erwartungen 162, 165

fachliche Qualifikation 149
Fähigkeiten 106
Familienkompetenzen 8, 26, 33, 38
Fortbildungsmaßnahmen 164
Frauenbuchladen 118
Frauenverband 118
Fremdbild 162, 164
Führung 25

Gedanken 126
Gewohnheiten 115, 116, 117

Hemisphäre 152
Herausforderung 15

Integration 25

Karriere 121
Kommunikationsaspekte 25
Kompetenzen 8, 15, 20, 21, 22, 28, 29, 33, 36, 114, 127, 130, 140, 148, 150, 163, 164
– Familienkompetenzen 18
– Kernkompetenzen 25, 38
– Managementkompetenzen 25
– pädagogische Kompetenz 25
– persönliche Kompetenz 25
– soziale Kompetenz 26
Kompetenzendefizit 114
Kompetenzenbilanz 33
Kompetenzenprofil 27, 38, 106, 114
Konfliktverhalten 25
Kontrolle 25
Koordination 25

Lebensplanung 151
Lernchancen 12, 15, 20, 24, 122, 126
Lernfelder 16, 20, 126

Motive 141

Personalbeurteilungsgespräche 162
Personalentscheidung 21
Personalentwicklung 20, 26, 162
Personalentwicklungsgespräch 162, 166
Personalentwicklungsprogramm 164
persönliche Zukunft 162
Planung 25
politische Partei 120
Potentiale 20, 21, 22, 33, 36, 106, 148, 150, 164
Problemlösungsverhalten 25

Qualifikation 21
– fachliche 149
– überfachliche 150

realistische Selbsteinschätzung 159
Risiko 15
Rollen 142
Routine 115

Schlüsselqualifikationen 106, 150
Selbstbild 164
Selbstvertrauen 123
soft skills 150
Stärken 106
Stärkenprofil 33
Stellenbeschreibung 24
Stereotyp 116
Strategie 119, 143
– aktive 143
– passive 143

Trainingsfelder 118

unternehmensbezogenes Denken und Handeln 25, 44

Veränderung 117, 120, 162
Versagen 125
Vorerfahrungen 122

Warming-up 149

Ziele 164, 165
Zielfindung 20
Zielvereinbarungsgespräche 162